BIBLIOTECA
PILAR SORDO

BIENVENIDO DOLOR

Una invitación a desarrollar
la voluntad de ser feliz

PILAR SORDO

BIENVENIDO DOLOR

Una invitación a desarrollar
la voluntad de ser feliz

OCEANO

Diseño de portada: Estudio Sagahón / Leonel Sagahón
Fotografía de la autora: © Marisa Bonzon

BIENVENIDO DOLOR

© 2012, 2015, Pilar Sordo
c/o Schavelzon Graham Agencia Literaria
www.schavelzongraham.com

D. R. © 2015, Editorial Océano de México, S.A. de C.V.
Blvd. Manuel Ávila Camacho 76, piso 10
Col. Lomas de Chapultepec
Miguel Hidalgo, C.P. 11000, México, D.F.
Tel. (55) 9178 5100 • info@oceano.com.mx

Primera edición en Océano: septiembre, 2015

ISBN: 978-607-735-746-9

Impreso en México / Printed in Mexico

Índice

Introducción

Muchas veces me preguntan si para escribir un libro me tengo que encerrar o hacer algo especial. La verdad es que un libro se escribe más con disciplina que con inspiración y tengo que reconocer que éste, particularmente, me ha costado mucho empezarlo. Cuando trato de averiguar por qué, surgen muchas posibles respuestas: la primera es que trata sobre un tema complejo... hablar del dolor nunca ha sido fácil.

La segunda es que las investigaciones que respaldan este libro son difíciles de traducir en términos sencillos, y como ése ha sido mi objetivo primordial en cada uno de mis libros, los resultados han pasado mucho tiempo en mi cabeza intentando ser simplificados.

Un tercer aspecto, no menos importante, es que en un año nada fácil ni para mí ni para mi país, he tenido que enfrentar situaciones permanentemente que me han impedido lograr esa disciplina necesaria para encerrarme a escribir este libro.

Humorísticamente, le he comentado a mucha gente cercana que traducir estas investigaciones a términos más simples me ha producido "una constipación literaria", la cual no me ha permitido escribir de manera fluida y ha hecho salir de forma atorada algunas de las ideas que van a ver expresadas en *Bienvenido dolor*.

Espero haber tomado "el laxante" adecuado para que toda la información salga en la manera en que ustedes se lo merecen.

Siempre he pensado que mis libros no deben necesariamente encasillarse en el concepto de autoayuda, porque son el resultado de investigaciones y no necesariamente de un acto de iluminación personal, que evidentemente no creo tener. Sin embargo, no puedo dejar de observar ni de opinar acerca de la gente que ha manoseado y denostado el concepto de autoayuda; son personas que se ubican en un lugar, a mi juicio, de mucha soberbia, ya que creo profundamente que todos, sin excepción, necesitamos ser ayudados en la vida, y si un libro (por malo que sea) contiene una sola línea que a un ser humano cualquiera le sirva para darse cuenta de algo que antes no había visto, sin duda alguna que ese libro tiene sentido y valió la pena el tremendo esfuerzo que su autor realizó para escribirlo.

Bienvenido dolor suena o parece un nombre extraño, paradójico, contradictorio; para muchos incluso puede resultar agresivo, sobre todo en el marco de una estructura social que hemos construido todos, que genera la ilusión, ficticia, por supuesto, de haberle ganado al dolor. Ejemplo de eso son los avances en medicina, que nos intentan mostrar que cada día y con mayor frecuencia van apareciendo las tratamientos y medicamentos para que, aparentemente, no nos duela nada. Desde el punto de vista emocional, los seres humanos también hemos ido diseñando conductas, rituales, "escapes" que nos hacen sentir que el dolor se puede ignorar y que de una u otra forma lo podemos evadir.

¿Por qué entonces escribir un libro que se titule *Bienvenido dolor*? En una ocasión, un ciudadano argentino me dijo que yo estaba usando este título porque no conocía el dolor, de lo contrario, jamás lo hubiera llamado así. Claramente no estaba en lo cierto.

La gran mayoría de ustedes me conoce, pero para los que no, les tengo que informar que mi vida, como la de muchos, no ha sido nada fácil y por lo mismo es que decidí investigar y reflexionar acerca de los beneficios que tiene mirar el dolor, tocarlo y recibirlo como una "encomienda" que llega sin que la solicitemos, pero que, si estamos dispuestos a abrirla, seguramente encontraremos dentro de ella cientos de regalos y oportunidades para poder ser mejores personas.

Bienvenido dolor es una invitación a transitar por un camino que nos hace enfrentarnos simultáneamente a lo más frágil y más fuerte que tenemos, a nuestras debilidades y fortalezas, a nuestras voluntades y miserias, a entender que la llegada del dolor es inevitable, pero que la elección del sufrimiento depende enteramente de nosotros. Pero no se engañen... este libro es una invitación alegre, que nos ayudará a entender aspectos de nuestro funcionamiento personal y social. Con mucho humor y emoción, pretendo desenredar y transmitirles toda la información de la que mi pequeñez es capaz para que quizás en estas líneas encuentren alguna luz, alguna reflexión o algún ejemplo que les permita acercarse a sus miedos, a sus fragilidades, a lo más hermoso y a lo más oscuro que tenemos.

Quiero que me acompañen a caminar por este sendero, que se llama *Bienvenido dolor* y que nos hará transitar por estaciones o capítulos que tratan sobre la felicidad, las emociones, el cáncer, la muerte y otras formas de partir, para terminar en la última estación, en la cual espero que hayamos conseguido disminuir algún miedo, alguna resistencia, alguna defensa, para que juntos seamos todos capaces de decir con fuerza, con ganas y, aunque parezca extraño, con alegría: "¡Bienvenido, dolor!".

Capítulo I

La felicidad: un valor anhelado

Durante estos últimos años, en distintos países de Centroamérica, me solicitaron que dictara conferencias cuyo tópico fuera la calidad de vida; particularmente desde México hacia el sur me pedían estudios que permitieran revisar o analizar cuáles eran las condiciones que se requerían para tener contacto con el concepto de felicidad. El último país en el que realicé este estudio fue Chile y cuando me preguntan por qué partí al revés siendo chilena, la verdad es que tengo que reconocer que la felicidad es un tema que no hace mucho tiempo nos empezó a preocupar a los latinoamericanos del Cono Sur, aunque ha sido un asunto relevante hace ya bastante rato tanto en los países centroamericanos como en el resto del mundo hispánico.

Empecé a analizar la decisión de llevar a cabo esta investigación en Chile después de una conversación que tuve con mi abuelita —quien tiene noventa y cinco años y a quien amo y admiro por sobre muchas personas—, en la cual me planteó su genuina preocupación por la generación de las personas de cuarenta años y menores. Según ella, nuestra generación (y en ésta incluyó no sólo a los chilenos, sino

también a personas de todos los países revisados) tiene todo
lo que ella cuando joven hubiera querido tener para hacerse la vida más fácil; con esto se refería tanto a un hervidor
de agua eléctrico como a un remedio para el cáncer. La pregunta que ella se hacía era por qué teniendo todos esos elementos que aparentemente "llegaron para solucionarnos la
vida", ella veía a más gente riendo a carcajadas entre la gente
de su generación que en la nuestra.

Esta reflexión me hace conectarme con la frecuencia
de la sonrisa, tan dispar y tan distinta en el mundo hispano;
incluso antes de empezar la investigación, mi percepción
era que, por ejemplo, en mi país nos reíamos poco. La dura-
ción de este estudio fue de dos años y medio en Chile, más o
menos el mismo tiempo que tomó la revisión y revalidación
del tema en los otros países, e incluyó a personas entre los
cinco y los noventa años, provenientes de distintos niveles
sociales y económicos (los cuales fueron divididos en tres)
y a representantes de minorías tanto étnicas como sexuales
que generosamente quisieron participar.

Cuando intento responder la pregunta de mi abuelita descubro con asombro, sorpresa y curiosidad que existe
un fenómeno social que por determinada razón en algunos
países nos hace valorar, respetar y considerar a la gente de
mal genio como madura, confiable, creíble, sólida y respeta-
ble. Esas personas con el ceño fruncido, sin ninguna sonrisa
y víctimas de bruxismo (mandíbula apretada), extrañamente son consideradas como posibles referentes intelectuales,
sociales y afectivos en ciertos países.

El otro, en cambio, el que tiene una actitud cariñosa y
positiva y una cara distendida, afable y sonriente, indepen-

dientemente de los problemas que pueda estar viviendo, esa persona que motiva a los demás, que siempre les dice que todo será para mejor, que sube el ánimo a cualquiera y que es cordial con todos los que se encuentra en el día, ese ser humano en muchos de nuestros países necesitaría terapia y algún tipo de asistencia psicológica. A este ser, la mayoría de las veces se le considera inmaduro, livianito y con poco contenido intelectual; todo el mundo lo regaña pidiéndole encarecidamente que madure, ya que la vida no es una fiesta, y se espera de él o de ella que en algún momento "siente cabeza", como se dice en Chile para aludir a ese anhelo social de dejar de reírse permanentemente, para así adoptar una postura que se considere más confiable y más de acuerdo con la edad de los adultos.

Cuando uno devela esta realidad se encuentra con contradicciones tales como profesores que en las escuelas o colegios sancionan a niños desde los cinco años por ataques de risa, pero no lo hacen de la misma forma con niños que pelean o que se golpean, y esto es porque muchas veces se supone o se asume que la risa es una falta de control de los impulsos, mientras que la pelea o la agresividad son vistas como "normales" en el desarrollo evolutivo de un niño. Esto se nota, además, en los ambientes laborales, desde las direcciones y entre los compañeros de trabajo: se tiende a inferir que quien permanentemente adopta una actitud positiva, alegre, no quejumbrosa y cordial, es una persona que trabaja menos y que es menos productiva que quien está con cara seria en su puesto de trabajo. Al darme cuenta de que en muchos países seguimos validando el antiguo refrán "la risa abunda en la boca de los tontos", empiezo con asombro a entender la pregunta de mi abuela.

Lo bueno dura poco

Una de las situaciones que metodológicamente se realizaron en la investigación era que yo reunía a un grupo de diez personas para que discutieran intensa y acaloradamente al borde de la agresión física, y a otras diez personas que sorpresivamente, al transitar por una calle, se encontraban con este grupo. Al preguntar al grupo que transitaba qué había sentido al ver al otro grupo pelear, más de 80% dijo que no le pasaba nada, que lo que habían visto era frecuente, "que les daba miedo, pero que en ningún caso intervendrían para solucionar el conflicto o pacificar al grupo", "que se querían ir y que ojalá no se hicieran daño".

Cuando, por el contrario, colocaba a este mismo grupo, pero riéndose a carcajadas, con esas risas que llegan a hacer temblar las piernas, ocho de los diez que observaban después fueron encuestados y dijeron que ese grupo estaba borracho o drogado, lo cual me llamó mucho y sorpresivamente la atención. Esto es un indicador de que estaríamos validando más la rabia que la risa como mecanismo social y de que además la risa sería causada por factores externos al ser humano y no producida desde dentro de él. Es como lo que pasa con los adolescentes que sienten que no se pueden reír a carcajadas si no tienen alcohol u otras sustancias dentro del cuerpo. Las reuniones o fiestas sin alcohol parecen no tener sentido.

Además existe la presunción de que reírse fuerte es un acto de mala educación, con lo que queda claro que parece que estuviéramos entrenados para reírnos siempre con "el culo apretado", y así demostrar elegancia, madurez y cordura.

Frente a la pregunta de qué habían sentido al ver a este grupo reír a carcajadas, 75.8% dijo que le daba ira, y repito ira porque ésta se halla en una escala superior a la rabia, y lo que manifestaron era que algo había que hacer para que ese grupo disminuyera el volumen de la risa o simplemente dejara de hacerlo.

Cuando constato entonces que la gente con una conducta positiva, sonriente, amable y disponible, genera en algunos países —particularmente en el mío— cierta tensión social, me empiezo a preguntar: ¿cómo hacen estas personas sanas y afables para mantenerse viviendo así en nuestros países?

La respuesta es simple y obvia. La verdad es que es muy difícil, para alguien con esa actitud de vida, mantenerse así en un país como Chile, porque siempre va a haber alguna persona que a la brevedad y con un criterio "realista" y no "pesimista" va a intentar literalmente *bajarle el avión* y ponerle los pies en la tierra para que deje de estar contenta como estaba.

La pregunta de investigación indagaba la manera mediante la cual esta persona aparentemente "realista" podía "llevar a la realidad" a esa otra persona feliz, y la forma que apareció fue hacerle sentir a esa persona que está feliz por la razón que sea, que eso bueno que está viviendo ¡le va a durar poco!

En mi estudio, a este mecanismo lo llamé "anticipador de desgracias". Esta fórmula es una herramienta universal que por lo menos a los guatemaltecos les sorprendió por la eficiencia con que funcionaba en Chile. Ejemplos de esto hay muchos: si yo digo que estoy enamorada, claramente es porque llevo poco tiempo, y puedo encontrarme con la advertencia de un rostro incluso dulce que me dice: "Disfrútalo, estás en el periodo más lindo de la relación; qué pena que esa etapa sea tan corta, así es que, mientras puedas, pásalo bien".

Extrañamente, cuando una mujer está embarazada es cuando peores noticias recibe sobre embarazos malos y partos complicados. Nunca falta una "amiga" que en forma cariñosa empieza a contarnos que "Gloria tuvo el bebé con el cordón umbilical enrollado, casi se muere, la presión la tuvo en veinticinco, el bebé nació porque Dios es grande, pero tú te has sentido bien, ¿cierto?".

Otro ejemplo característico es cuando se asume que si un soltero anda contento, es justamente por eso, porque es soltero; si yo como madre de hijos adolescentes digo que disfruto con ellos, que no tengo mayores conflictos, me van a preguntar de inmediato la edad de mis hijos, y cuando yo conteste que la menor tiene diecisiete años, seguramente estos "realistas" afirmarán ¡que estoy recién empezando!

Un ejemplo curioso, que ocurre en mi país y también de una manera más simple en Argentina, es la costumbre de "celebrar" haber sobrevivido al mes de agosto. Esta información es incluso agenda de prensa del noticiero central por la noche, donde después de una noticia trágica, como un terremoto en alguna parte lejana del mundo, aparece un periodista que va generalmente a un hogar de ancianos para preguntarles cuál fue su secreto para poder pasar el mes sin mayores problemas. Es sabido que la razón histórica por la cual se hace esa pregunta es porque agosto, por lo menos en el Cono Sur, es el mes con mayores inestabilidades climáti-

cas, por lo tanto es el mes durante el cual la gente más débil
tiende a enfermarse y fallecer con mayor frecuencia. Sin embargo, lo divertido de este ejemplo no es la explicación del
porqué se celebra la sobrevivencia en agosto, sino la respuesta que muchos ancianos dan frente a dicha pregunta.

Este año, 60% de los encuestados respondió que "quien
pasa agosto muere en septiembre". Es como para decir
"¡plop!", ya que si ya es raro celebrar haber sobrevivido a
un mes, más raro aún me resulta suponer que la desgracia
llegará el mes que viene, porque siempre en el fondo del
mecanismo cognitivo queda la sensación de que "lo bueno
dura poco".

En algunos países existe un dicho que plantea que si
uno se ríe un martes llorará un domingo o un viernes, haciendo sentir que para pasarla bien y disfrutar, siempre
después hay que pagar con dolor. Esto muchas veces hace
contener los momentos de placer de forma inconsciente con
el objetivo de evitar sufrir más tarde. Creo que una de las
razones que pueden explicar esto tiene que ver con la for-
mación religiosa católica de nuestros países, donde la resurrección aparece, por lo menos antiguamente, como una
promesa de felicidad frente al "valle de lágrimas que tendríamos que enfrentar en la Tierra". Por lo tanto, los momentos de alegría vienen con la condición de que se acaban
y de que hay que pagar por ellos.

Frases cotidianas que usamos todos y que sustentan
este mecanismo hay muchas, por ejemplo: "el pan se quema
en la puerta del horno", "si te llaman de un trabajo, nunca
cuentes de dónde es, porque trae mala suerte", "si estás embarazada, no lo digas antes del cuarto mes, porque puedes

perder el bebé e ilusionarías a la gente en vano", "las mujeres no podemos dejar la cartera en el suelo porque se les va
el dinero", "no te ilusiones; así, si no resulta, no te vas a de-
primir, y si resulta, te pondrás contento", y quizá la peor de
todas, en la cual lamentablemente se sustenta la salud mental de muchos de nuestros países y particularmente del mío:
"en la confianza reina el peligro".

Sé que lo mencionado ha generado muchas sonrisas en
ustedes, pero si lo pensamos bien, este mecanismo anticipador de desgracias tan frecuente en nuestro funcionamiento
social genera al menos tres consecuencias graves que reper-
cuten directamente en la conciencia de la felicidad que podemos llegar a alcanzar.

La primera es que cuando un país pone en práctica este
mecanismo social que permanentemente avisa de riesgos y
peligros más que de aciertos, se genera en su gente el hábi-
to de contarse las cosas malas en vez de las buenas, y el tono
emocional de las conversaciones es siempre desde una que-
ja. Para qué voy a contar que me voy a comprar un auto si va
a llegar alguien a la brevedad a decirme que justo la mar-
ca escogida por mí rinde pocos kilómetros por litro. Otro,
probablemente, se enterará de que el auto es nuevo cuando
algo malo le pase.

Para comprobar el funcionamiento de esta conducta
tan extendida los invito a hacer el siguiente ejercicio: cuando
alguien les pregunte cómo están, ustedes respondan "muy
bien", y van a observar con sorpresa que la conversación
tiende a terminar en ese mismo instante. Si en cambio cuentan algún problema o dicen "más o menos", encontrarán que
hay tema para mucho rato y se sentirán comprendidos por

el otro. No es difícil hallar en distintos países a alguien que si dice que está muy bien y muy contento, el otro insistentemente empiece a preguntar por las distintas áreas de su vida con el fin de encontrar algo que no funcione tan bien, y como siempre lo hay, porque nadie tiene la vida perfecta, entonces la conversación se desarrolla "animadamente" acerca de ese tema encontrado. Ésta podría ser una de las causas por las cuales en algunos países cuesta desarrollar emprendimientos personales, ya que basta con que a uno se le ocurra una idea de un negocio u otra actividad para que aparezcan varios de estos seres "muy inteligentes" que, "con mucha sabiduría", van a decir que no va a resultar.

La segunda consecuencia de este mecanismo es que los países que ponen en práctica "esta habilidad" tienen mayores problemas con la capacidad de ilusionarse; en general, son redes sociales que paradójicamente prefieren la resignación, la no ilusión, para así evitar tomar contacto con el sufrimiento. Digo paradójicamente porque creo que no hay nada más deprimente en sí mismo y nada peor para un país que perder la capacidad de ilusionarse. Extrañamente, casi como los oráculos griegos, lo que se intenta evitar, que es sufrir, se produce igual, ya que al desaparecer la ilusión lo hacen también con ella la alegría y el entusiasmo por la vida. En el marco de este concepto, de esta estructura mental que no se arriesga a cumplir sueños, aun cuando éstos puedan durar poco, aun cuando puedan no resultar, las personas se arriesgan a **no amar**, a **no entregar lo mejor de sí**, por lo tanto a no crecer ni evolucionar.

Una tercera consecuencia de la aplicación individual y social de este mecanismo tiene que ver con la suposición de que si las cosas buenas se acaban o duran poco es porque "así es la vida", y no por algo que haya hecho yo para producir ese efecto.

Esto nos ubica en el análisis de los locus de control, es decir, dónde situamos las causas y orígenes de nuestras conductas. En general, desde pequeños hemos ido colocando nuestro foco de control fuera de nosotros, de modo que no tener la responsabilidad de nada sea nuestro segundo talento nacional —el primero es ser anticipadores de desgracias—, y ejemplos de esto hay muchos. Se dice "que las cosas se caen" y no que alguien las botó o tiró. Se dice que los chicos tienen malas calificaciones porque los profesores "se las ponen", sin embargo las buenas son por mérito personal. En general, los autos "nos chocan" y nunca somos nosotros los que provocamos un accidente por una acción irresponsable; incluso si un vehículo chocó es porque su conductor iba ebrio, asumiendo esa conducta como una excusa para justificar lo que es un delito. Si llegamos atrasados a algún lugar, generalmente es por la congestión vehicular y no porque fuimos parte del enorme grupo de ciudadanos que cuando sonó el despertador en la mañana dijimos "cinco minutos más" o simplemente planificamos mal nuestra agenda.

El suponer que lo bueno dura poco, y por lo tanto utilizar estos mecanismos anticipadores de desgracia, es una de las mayores fuentes de debilitamiento de la voluntad y del esfuerzo, que son a su vez las únicas fuentes de mantenimiento y fortalecimiento de los aspectos positivos de nuestras vidas.

Falta de visibilización y de personificación

Junto con este mecanismo anticipador de fatalidades aparecen dos procesos sociales —lamentablemente cada vez en mayor aumento— que se observan sobre todo en las ciudades grandes y que tienen directa consecuencia en la dificultad para disfrutar y confiar en lo simple y en lo cotidiano. Al primer mecanismo lo denominé la "falta de visibilización social"; esto significa que hay una tendencia progresiva que nos hace ver cada vez a menos gente y asumir que muchas personas con las que nos encontramos cada día son literalmente invisibles. Personas que están a nuestro alrededor todos los días y con las cuales muchas veces interactuamos pero que paradójicamente no vemos, quizás, y aunque suene duro decirlo, "porque no las necesitamos". Pareciera ser que en un mundo tan convulsionado y acelerado como el que hemos construido, sólo se tiende a visibilizar a alguien cuando éste me puede ser útil, ya sea por miedo o por alguna necesidad social. Personas invisibles hay muchas, por ejemplo, las señoras o caballeros que limpian los centros comerciales o las oficinas y que generalmente lo hacen con esos carritos; ellas me contaban que se habían acostumbrado a trabajar mirando el suelo o el carro porque era tal la angustia de mirar a las personas de frente y que nadie las saludara, que se acostumbraron a realizar sus labores con la cabeza gacha. Tengo que reconocer, sin embargo, que esta costumbre de no ver a estas señoras no es propia de todo el mundo hispano; en países como México, Colombia, Ecuador, Guatemala o El Salvador, aún se las sigue saludando y reconociendo verbalmente su trabajo.

Cuando en los países latinoamericanos nos referimos aparentemente con tanta autoridad y rabia al concepto de desigualdad social, parece que no hemos reparado en que si yo voy a ese centro comercial es en gran parte gracias a esa mujer, porque gracias a ella ese lugar se encuentra limpio y grato; sin embargo, en muchos lugares esa señora estorba en el trayecto y uno literalmente la evita, mientras que en otros lugares (de los cuales deberíamos aprender) se le saluda o se le dice algo divertido, lo cual no implica ninguna pérdida de tiempo y, por supuesto, ningún costo económico. En resumen, **no cuesta nada.** Así como esas mujeres, fui encontrando a lo largo del estudio a muchos personajes invisibles, como la gente que se encuentra en las casetas de cobro, las personas que sirven los cocteles, los jardineros, etcétera. Sin embargo, para poder hacer un buen análisis necesitaba encontrar un rol social que estuviera en todos lados, que no dependiera del nivel socioeconómico y que me fuera fácil encuestar; por eso terminé trabajando con los guardias de distintos lugares, como por ejemplo supermercados, farmacias, bancos, etcétera. Si uno hiciera el esfuerzo de ver, siempre vería a uno porque siempre los hay; a la izquierda o a la derecha siempre se encuentra un guardia.

Cuando les consultaba a estos guardias cuánta gente los veía y los saludaba a lo largo del día durante una jornada laboral de entre ocho y nueve horas, el promedio en Chile fue de cuatro personas. Cuando quería hilar más fino y empezaba a indagar cuántas personas establecían contacto ocular con ese guardia y además emitían una sonrisa, ellos en general sonreían y me expresaban con cierta ternura y humildad que ni siquiera alcanzaban a llegar a la mitad.

Yo me preguntaba cómo ese hombre podía regresar a su casa a ser cariñoso con su esposa o con sus hijos, si le había tocado estar en un lugar haciendo su trabajo donde durante nueve horas nadie lo vio, y la respuesta resultaba obvia: ese hombre no puede llegar satisfecho a ser cariñoso con su familia, y cuando ese hombre no es afectuoso con su mujer ni con sus niños, yo, Pilar Sordo, si es que no saludé a ese guardia hoy, soy responsable de esa violencia, soy cómplice de ese mal genio. Nosotros culpamos de eso a la "sociedad", al "sistema", la "rutina", el "estrés", pero cuando decimos esas palabras, ¿no estamos excusándonos con base en un análisis más bien sociológico de nuestra responsabilidad social de entender que yo soy "sistema"?, ¿de que usted que lee este libro es "sistema"?, ¿de que yo soy "sociedad" y que usted que me acompaña en la lectura es también "sociedad"?, ¿y de que todos, de una u otra forma, somos responsables de la alegría y el ánimo de un país? Como ciudadano, yo tengo **el deber constitucional**, aunque parezca divertido, de ser amable hoy y de intentar, en la medida de mis posibilidades, de mi voluntad y de mis dolores, facilitarle la vida a todos los seres humanos con los cuales me voy a encontrar hoy. No tengo ningún derecho, si de verdad quiero a mi país, de dificultarle, complicarle o amargarle la vida a otro por mis temas personales.

La visibilización se fundamenta en un principio básico del ser humano, que tiene que ver con reconocer al otro como un igual, al cual tengo que tratar y considerar como a mí me gustaría que me trataran y consideraran. La visibilización refleja lo más profundo del respeto y la solidaridad que un pueblo debe tener entre sí, porque el **ver** implica **validar**,

reconocer e incluso **sonreír a ese otro**, para hacerle sentir que juntos estamos transitando ese segundo en la vida.

Junto con esta falta de visibilización aparece otro fenómeno que, como mencioné al inicio, también se da en las ciudades grandes, pero no deja de estar presente en menor o mayor grado en todos lados; a esta característica yo le llamé "falta de personificación social", lo que significa que somos conocidos por lo que hacemos y no por quienes somos. Con esto quiero decir que hoy no nos sabemos el nombre de nadie, las personas son conocidas por ser el profesor de matemáticas de los niños, el conserje del edificio, el jardinero, la enfermera, el jefe del hospital, el empleado que trabaja en tal o cual empresa, la ejecutiva de cuentas de un banco, el guardia, la empleada, el técnico de reparación, etcétera.

El no saberse los nombres de las personas con las cuales compartimos cotidianamente altera profundamente los vínculos de confianza en un país, porque para yo saber el nombre de alguien necesito detenerme y reparar por lo menos un par de segundos en el rostro de esa persona, lo que inevitablemente hará que lo mire a los ojos, le sonría y le entregue algo de mi propio rostro.

Mientras realizaba la investigación, fueron a cambiar una cortina en mi domicilio. Cuando llegó el encargado de hacer ese trabajo le pregunté su nombre, él me dijo "Jorge" y yo le dije "Pilar". Antes de empezar a instalarla, don Jorge se detuvo y, extrañamente para mí, muy emocionado me dijo que le parecía muy curioso que yo le haya preguntado su nombre, porque él siempre ha sido "el señor de las cortinas". "Cuando yo entro a una casa dicen: 'Llegó el señor de las cortinas'. Y cuando me voy: 'Se va el señor de las cortinas'."

"Para evaluar mi trabajo la pregunta es: ¿cómo dejó la instalación el señor de las cortinas?", me dice. Esta práctica despersonificadora de no llamarnos por nuestros nombres y, lo que es peor, de sólo preocuparnos del nombre de una persona extraña a nuestros afectos cuando hay que reclamar algo (con el fin de referir ese nombre a sus jefes directos o a cualquier instancia donde quede en evidencia su error), habla muy mal de cómo estamos viviendo y de cómo muchas veces lo urgente le quita tiempo a lo importante.

Esta costumbre no es igual en todos los países; tengo que reconocer que, por ejemplo, las personas en México, Argentina, Perú y Colombia, entre otros, tienden a ser más personificadoras y visibilizadoras que el resto. En este sentido, Chile parece ser uno de los pocos países en el mundo hispano, junto con algunos lugares de Perú, donde la gente no se saluda en los ascensores y evita el contacto visual con el resto, desarrollando cualquier conducta estúpida que permita distanciarnos del otro, como por ejemplo fingir que me llega un mensaje o mirar el celular en un lugar en el que se sabe que no hay señal o que ésta es deficiente.

Entre los muchos ascensores a los que me subí durante la investigación, hubo uno en Santiago —día lunes, 8:20 a.m., pleno invierno— en el que íbamos alrededor de quince personas. Al entrar, yo digo con una voz alta y con un tono fuerte y cálido: "Buenos días". Nadie me contestó, sólo se escuchó un ruido casi gutural al fondo del ascensor, lo que me hizo decir: "Nunca me había subido a un ascensor con puros mudos, no sabía que en este edificio había un centro de rehabilitación para el lenguaje". Probablemente, al igual que usted, ellos sonrieron y en ese momento hago el siguiente comentario: "Ustedes escuchan, y si ustedes escuchan, ¿qué les costaba haberme dicho 'buenos días'?".

Entre la quincena de personas que había en el ascensor apareció entre ellas uno de estos personajes mencionados al inicio del libro: el de ceño fruncido, muy mal genio y que asumimos como culto y responsable. Además, en el caso de Chile, este ser humano tiene dos pretensiones: la primera es hablar con los términos más rebuscados e intelectuales posibles, con el fin de probar que sabe, que es culto y que si la gente no lo entiende es un problema del pueblo que no alcanza a llegar a su nivel y tendría que hacer todo lo necesario para ser comprendido por el resto. La segunda pretensión de este personaje es que cuando habla de Chile y tiene que criticarlo se refiere a "este" país y no a "su" país o "nuestro" país, asumiendo así una distancia del resto de la población. Este personaje que aparece en el ascensor me dice muy seriamente: "El chileno es apocado", frente a lo cual yo pregunto: "¿Tú eres extranjero?". Él, muy sorprendido, me contesta: "No, soy chileno". Entonces yo, muy sonriente, le digo: "Los chilenos *somos* apocados", frente a lo cual él se sonríe y dubitativamente afirma: "Mmmhh, tienes razón, los chilenos *somos* apocados". Después de haber distendido un poco el ambiente, le cuento que estoy de acuerdo con su diagnóstico y le pido que me explique cuál es el tratamiento, qué es lo que vamos a hacer todos para cambiar esa realidad. Frente a esto él me responde: "Éste es un problema complejo, de orden cultural, político e histórico". Al sonreírme y dada la complejidad de su alcance, le propongo a él y a todos los que estaban en el ascensor que me acompañen hasta el último piso, con todas las interrupciones que fuéramos a tener, y que regresemos finalmente a la planta baja con el fin de explicarles en el trayecto lo fácil que es cambiar esa dinámica. Todos aceptan y yo me detengo en una mujer a la cual le digo:

> Si yo al entrar al ascensor te veo, reparo en ti, te observo y me doy cuenta de que tienes un abrigo, un saco o una gabardina color morado oscuro y te digo que ese color te queda bien, literalmente que te ves guapa, yo tengo claro que con ese comentario no te estoy solucionando ni tus problemas económicos ni tus problemas emocionales, sin embargo apuesto mi cabeza a que saldrías del ascensor sintiéndote más bonita que cuando entraste. Seguramente vas a llegar a tu oficina o lugar de trabajo diciendo que una "loca" en el ascensor te dijo que te veías bonita.

Es entonces probable que esta mujer me dedique de toda su jornada laboral cinco minutos al inicio y cinco minutos al final, porque cuando se esté quitando el abrigo, a la persona que esté al lado le va a comentar que en la mañana una "loca" le dijo que el abrigo le quedaba bien y lo más probable es que se acuerde nuevamente de la "loca" del ascensor cuando se vuelva a poner el abrigo. Les digo entonces a los presentes: "Si eso no es cambiar una red social a cero costo y en cero tiempo extra, entonces explíquenme qué es...".

En este momento el "señor culto" del ascensor parece sorprendido y me dice: "Qué factible que parece de realizar, Pilar" (evidentemente no me podía decir "fácil la cosa"...). Es que de verdad es así de fácil cambiar una red social y se puede hacer diariamente.

En todos los países encuestados tenemos problemas

políticos sociales, económicos, etcétera, y todos intentamos
diariamente solucionarlos. Lo que sí parece que entienden
mejor en unos países más que en otros, es que el sentido
del humor, el facilitarnos las cosas, el visibilizarnos y el per-
sonificarnos nos ayuda a vivir los problemas de una manera diferente y depende de la actitud que cada pueblo tenga
frente a lo cotidiano.

Es grato poder ver cómo la cordialidad, la amabilidad,
la disposición a ayudar al otro y el sentido del humor de algunos países hace que, incluso teniendo problemas para salir del subdesarrollo, tengan una mejor percepción de sus
vidas, de la felicidad y del disfrute de las cosas sencillas.

Por ejemplo, los chilenos y los extranjeros que están le-
yendo concordarán conmigo en que Chile es reconocido en
el exterior por ser un país con poca corrupción, ordenado,
eficiente y, según esa óptica externa, "un lugar donde las cosas se hacen bien". Sin embargo, junto con distinguir esas
características —además de otras tantas que me hacen sentir
orgullosa del país en el que nací—, no puedo dejar de observar que nos falta **alegría, carcajadas, capacidad y necesidad
de agradecer** todos los días lo que hemos conseguido. Muchas veces no sirve ser catalogado como un buen alumno si
no se está disfrutando lo que se estudia.

Otros países tendrán que mejorar en términos de actitud, de su capacidad de organización, de disminuir sus ín-
dices de corrupción, del desarrollo de la educación y de la
salud, para lo cual todos y cada uno tendremos, de acuerdo
con los resultados del estudio, que trabajar nuestras debilidades, siempre centrándonos en el hacernos cargo, en forma individual, de que en conjunto somos responsables del

país en el que vivimos y, por ende, de los problemas que lo aquejan diariamente y de sus respectivas soluciones.

Al analizar todas estas variables más bien socioculturales propias de cada país y que son obstáculos para el disfrute de lo cotidiano, me empiezo a preguntar cuáles serían entonces las condiciones que se requieren para poder tener contacto con la felicidad. Si ustedes se dieron cuenta, el título de este capítulo alude a la felicidad como algo que se anhela y quizás en esa frase está resumido el mayor error de concepto; es por esto que, antes de poder transmitirles las condiciones que aparecieron en el estudio para poder ser feliz, siento que tengo que explicarles casi desde lo pedagógico el concepto de felicidad utilizado en el estudio.

¿Qué es la felicidad?

Seguramente, muchos de ustedes tienen la concepción de que la felicidad está hecha sólo de momentos y que, por lo tanto, cuando estos momentos llegan, hay que disfrutarlos porque se acaban.

La gente que supone esto tiene legítimamente asociado en su cabeza el concepto de felicidad con la alegría, ya que asumen que sólo se es feliz cuando uno está contento; además, estas personas son las que van a desarrollar la tendencia, la capacidad o la habilidad de anticipar desgracias, ya que en lo profundo de esta concepción está la definición de que lo bueno es fugaz.

Si esto fuera cierto, por ejemplo, en las unidades de quimioterapia de los hospitales —lugares que me toca visitar

con más frecuencia de lo que quisiera debido a mi fundación— no podría ver a nadie feliz, porque evidentemente,
y lo dejo firmado, ahí no hay nadie contento; sin embargo,
creo que es muy posible encontrar en esos lugares personas
mucho más felices que varios de los que leerán este libro,
porque son personas que encontraron a través del dolor y
el sufrimiento un sentido a la vida y hoy disfrutan más del
presente que antes del diagnóstico. Por lo tanto, la felicidad
no tendría nada que ver con la alegría. Uno puede ser feliz
permanentemente en la medida en que le encuentre razón o
sentido a lo que hace, lo que uno no puede es estar contento todo el tiempo.

La otra concepción de felicidad, propia de la modernidad, es que ésta tiene que ver con el *tener*, entonces, tendemos a pensar que si tenemos una televisión negra delgadita
nos vamos a sentir más felices que con una de esas antiguas,
anchas hacia atrás. De esta manera, generalmente, se produce una carrera, un agotamiento y un vértigo por tener la
televisión plana, la cual generalmente se compra a crédito y
de la que disfrutamos tres días, para luego quedarnos con la
carga de las cuotas; pero como nos dijimos a nosotros mismos que íbamos a ser más felices con esa televisión que con
la antigua... Si esto fuera verdad, toda la gente millonaria
sería feliz y, evidentemente, esto no es así. Por lo tanto, el
concepto de felicidad que me interesa trabajar y el utilizado en la investigación (el cual, por lo demás, no es ninguna
brillantez de mi parte, porque es el concepto que en general
utilizan todas las investigaciones en relación con el tema)
está circunscrito al "para qué me levanto" o, en síntesis, al
sentido que le he podido encontrar a mi vida.

Cuando se empezó a configurar y a estudiar el concepto de inteligencia, se instauró la idea de un coeficiente intelectual (CI) que suponía que las personas que estaban en el rango entre noventa y cien eran normales intelectualmente y que, por lo tanto, sólo por esa característica iban a tener más oportunidades en sus mundos intelectuales y afectivos. Posteriormente se incorporó el concepto de "inteligencia emocional", con el cual se pensó que, junto con determinada intelectualidad, había que tener la habilidad de establecer vínculos afectivos sanos y permanentes en el tiempo, donde además fuéramos capaces de decir lo que sentíamos de forma adecuada y considerando el contexto de la situación. Entonces, las personas inteligentes emocionalmente tendrían más posibilidades para tener una vida plena, entendiendo por esto un equilibrio entre lo laboral y lo personal.

Hoy se agrega un nuevo concepto que amplía y profundiza todo lo anterior y que tiene que ver con la idea de la **inteligencia espiritual**; esto no pasa por practicar una religión determinada, no tiene que ver con la forma ni con la metodología, sino con el fondo que se le da a todo lo que uno hace cotidianamente. Es por esto que el "para qué me levanto" adquiere sentido y logra darle fundamento a las condiciones arrojadas por el estudio. Cuando pregunté entonces cuáles eran las condiciones que se requerían para ser feliz, asombrosamente aparecieron las mismas en todos los países; incluso los ecuatorianos maravillosos opinaron que se había producido algo mágico, porque en todos lados se utilizaron incluso las mismas palabras.

Independientemente de que tengo que reconocer que para mí fue un placer en el sentido del éxito del estudio, éste fue extraordinario por la unificación valórica a la que nos invita y porque nos lleva a comprender que al final de los días todos los países y las personas necesitamos lo mismo y disfrutamos y sufrimos en lo profundo con las mismas cosas.

Por eso, al preguntar cuáles son las condiciones que se necesitan para ser feliz hoy —porque a lo mejor hace siglos o años atrás éstas eran distintas o tenían otros matices— aparecieron tres.

La primera es que **ser feliz es una decisión**. Esto parece indicar que la felicidad no dependería de las cosas que nos pasan, sino más bien de la actitud con la cual enfrentamos lo que nos ocurre. Fue frecuente escuchar en el curso del estudio que la gente dijera que no podía ser feliz porque hacía cinco, diez o quince años le tocó sufrir mucho y no lo había podido superar; a otro porcentaje no menor se le escuchaba decir que iba a ser feliz cuando tuviera casa propia, pudiera salir de la casa de los padres, se mejorara quien estaba enfermo, encontrara trabajo, lo ascendieran en el trabajo, terminara de estudiar, pagara sus deudas, etcétera. Es decir, la felicidad es un concepto que se anhela, que se busca, sin tener en cuenta que, como dijo John Lennon sobre la vida, "es justo lo que ocurre mientras uno está haciendo otros planes".

Las personas que son felices en el presente no son aquellas que no tienen problemas, porque ese ser humano, sin conflictos, no ha nacido ni va a nacer. La gente que está feliz es la que decidió levantarse hoy en la mañana con una sonrisa inmensa en los labios y una pena gigante en el alma, lo cual refleja, en el fondo, un tema de actitud más que de realidades concretas, donde el disfrute de lo cotidiano pasa más por la mirada que tenemos frente a las cosas que por la objetividad de los hechos.

En uno de los tantos campamentos en los que me quedé a dormir después del terremoto y maremoto que asolaron Chile en 2010, me alojé en la carpa de una señora a la que llamaré Marta; al levantarnos en la mañana, ella me dice casi quijotescamente, dada la tierra circundante del lugar, que quiere limpiar, frente a lo cual yo accedo y comenzamos la limpieza. En la mitad de este proceso, ella se pone a cantar y yo comienzo a cantar con ella; íbamos ya en la mitad de la canción y se escucha desde fuera un grito ensordecedor que dice: "Señora Marta, ¿por qué está usted cantando?". Ante esta pregunta yo me asombro, porque descubro en esa voz al clásico anticipador de desgracias que antes les describí, y le pregunto a Marta si lo conoce. Al decirme que no logra darse cuenta de quién es, salimos de la carpa, y al verlo ella le dice: "Don Ramón, era usted... ¿por qué está gritándome?". Él, furioso, le contesta: "Y usted, ¿por qué está cantando?". Ella, humildemente, argumenta: "Porque estoy contenta". Él, muy asombrado, replica: "¿Cómo puede estar contenta usted si perdimos todo en el maremoto y no tenemos con qué vivir?". Ella, con la misma humildad, le responde: "Porque tengo mucho que agradecer". Él, irónicamente, sonríe y, como en general a la gente que está feliz o dice estar feliz se le exigen razones que lo expliquen, don Ramón la interpela para que justifique su, según él, estúpido comentario. Al ser cuestionada sobre estas razones, Marta, dulce y agradecidamente, comienza a mencionar cosas como que, por ejemplo, "en la última lluvia, el plástico que nos dieron para cubrir las carpas resistió maravillosamente... no se me mojó ningún mueble".

O que "la casa que me va a entregar el Estado será más bonita que la casa que tenía; tengo ropa nueva con etiqueta que
jamás pensé tener y que nunca hubiera podido comprar".
"Mis hijos entraron al colegio y, por primera vez en la vida,
no tuve que comprarles nada, todo se los regalaron." "A mi
marido le arreglaron la lancha gratis y sale a pescar en tres
días más, por lo tanto volveremos a tener dinero, y lo más
importante, don Ramón, es que a mí no se me murió nadie
en el maremoto."

Cuando este señor escucha todos estos comentarios,
muy asombrado pero con un dejo de ironía en el rostro, se
me acerca y me pide que antes de retirarme del campamen-
to, por favor no deje de atender a Marta. Presa del asombro
y de un ataque de risa, le pregunto: "¿A quién quiere que
atienda?". Y él, casi sin inmutarse, me contesta: "A ella pues,
señora Pilar, ¿no se da cuenta usted de que está en estado de
shock?". Yo me río por su comentario y le digo que no puedo
creer que él opine que ella está enferma sólo porque tomó la
decisión de ser feliz, y no a pesar de lo vivido, sino con ello
a cuestas. Además, le explico que si ya es difícil tomar la decisión de ser feliz todos los días, cuando incluso es posible
que el "vuelito" o fuerza de la decisión no alcance para el día
entero y haya que tomarla dos o más veces para mantenerla,
ya que el dolor puede ser muy grande, a ella, con personajes
como don Ramón al lado, le cuesta el doble realizar ese ejercicio de voluntad... porque además tiene que explicar por
qué se encuentra feliz, si aparentemente no hay nada que lo
justifique.

Es muy frecuente encontrarse, sobre todo en ciertos
ambientes laborales y en determinados países, con que si

uno llega contento al trabajo, con buena cara, actitud positiva e incluso cantando, lo más probable es que la interpretación de esa alegría sea "que le *tocó* la noche anterior". Cuando uno deduce irónicamente que la felicidad puede depender de un orgasmo, entonces estarán de acuerdo en que algo está pasando con el enfoque que le damos a la vida.

Parece que no es suficiente estar vivos, tener afecto y trabajo, para poder justificar o explicar que sólo por eso y con eso somos felices; siempre estamos esperando que ocurra algo especial para poder conectarnos con esa sensación o esa decisión.

Es frecuente escuchar, como muchos de nosotros decimos con mucha liviandad, que tuvimos "un día común y corriente", sin entender que si sentimos afecto pudimos dar lo mejor de nosotros y contamos con lo necesario para poder dormir, comer, etcétera, simplemente tuvimos un día extraordinario y no fue en lo absoluto común y corriente.

Un ejemplo maravilloso de esta dificultad de valorar el presente, lo simple y lo cotidiano, son aquellas cosas que se guardan en las casas para "ocasiones especiales" o para esa visita que no sabemos quién es y tampoco cuándo va a llegar. Copas de champaña, juegos de toallas, sábanas, manteles, anillos, carteras, etcétera, que están ahí esperando a que ocurra algo mágico, sin entender que lo mejor de nosotros o las cosas más lindas que tenemos tienen que ser usadas con los que amamos y no con seres extraños, y que la única ocasión especial que existe es la del presente y, por lo tanto, todo debe ser usado simplemente cuando se tengan ganas.

En este sentido los invito a hacer el ejercicio de tomar agua de la llave en una copa de champaña; les doy mi

palabra que el agua en esa copa tiene otro sabor al que tiene
en los vasos en los cuales se toma diariamente.

Esta conexión con el presente es clave para tomar la decisión de ser feliz, ya que, como decía mi amigo Felipe Cubillos, la gente que está pegada en el pasado ya murió y la
gente que está pegada en el futuro aún no ha nacido.

La segunda condición que refleja la investigación para
conectarse con la decisión de ser feliz es que nadie puede
serlo, ni hacerse cargo de ella, si no es **agradecido**. Por ser
agradecido me refiero no sólo a la evidente ventaja que tiene
el dar constantemente las gracias por todo lo que nos ocurre, sino también al nivel de percepción que una persona
debe tener para ver lo cotidiano con una postura de reveren-
cia, de asombro, de aprendizaje y de gratitud permanente.

Quizás aquí es donde con mayor precisión se observó la
esencia del "para qué me levanto", lo cual se ve muy bien re-
flejado en la historia de un niño del norte de mi país llamado Francisco, que tiene nueve años y a quien conozco hace
mucho tiempo, ya que él y su familia han colaborado conmigo en distintas investigaciones y trabajos. Una mañana,
Francisco me detiene en el patio de su escuela y me pregunta a qué hora creo yo —que conozco bien la ciudad en la que
vive— que él debería levantarse como para que su papá y su
mamá no le griten antes de ir al colegio. Cuando yo, sonriente, le pregunto por qué le gritan, él, con mucha seguridad,
me responde: "Porque todos los padres se despiertan gritán-
doles a los niños y, según lo que he conversado con mis compañeros de curso, a todos nos gritan lo mismo". Sentados en
el suelo y yo ansiosa por su respuesta, le pido que me explique qué es lo que le gritan. Él comienza a contarme que le

dicen "Francisco, apúrate que estamos atrasados, la leche no te la alcanzo a calentar de nuevo y el pan te lo comes en el camino". "La cartulina amarilla la dejé en mi pieza, tómala y guárdala, lo mismo con la libreta de tareas que la dejé en la mesa de noche y no la alcancé a guardar." Me cuenta que esto se lo gritan muy fuerte y por lo general la mamá desde el baño o la cocina.

Cuando Francisco ve que río, porque me reconozco como mamá haciendo exactamente lo mismo, me dice que debido a unos talleres de desarrollo de la voluntad que yo coordino en el colegio, él ha trabajado con esfuerzo la capacidad de ir a despertar a sus papás vestido y listo y, sin embargo, los papás le gritan igual, ¡plop!

Yo, al verme absolutamente representada en su historia, le pregunto asombrada por qué le siguen gritando si ya está listo, y su respuesta es obvia y exquisita:

Me gritan porque no saben dónde estoy y mi mamá desde el baño (parece que las mujeres tenemos una vocación uterina por controlar todo desde el baño y desde la cocina, independientemente del tamaño de nuestras casas) empieza a preguntarme: "Francisco, ¿dónde estás?". "En la cocina, mamá." "¿Qué haces?" "Los estoy esperando." "El desayuno, ¿te lo tomaste?" "Sí, mamá." "Y la colación, ¿la guardaste?" "Ya la guardé."

Él, desesperado, vuelve a pedirme consejo: "Por favor, Pili, dime a qué hora me tengo que levantar como para que eso no pase". Me imagino que a los que son padres y madres algo les suena esta historia, pero qué le iba a decir a ese niño,

¿que todos los adultos estamos enfermos y que los papás tienen que pedir ayuda profesional? No le dije nada y me puse en contacto con el papá. Él estaba feliz de hablar conmigo y me contó que Agustín, su hijo mayor, le había comentado de mi visita al colegio para charlar sobre la adolescencia. Al mencionarle que la llamada no tenía que ver con Agustín, sino con Francisco, se sorprendió, porque me dijo que no era con él con quien tenía que hablar. Después le explico que Francisco me había detenido en el patio del colegio para preguntarme a qué hora tenía que levantarse como para que su papá y su mamá no le gritaran antes de ir al colegio, y Pedro se asustó porque me conoce hace muchos años y sabe que Dios me dio muchos dones, pero no me hizo ni sutil ni delicada. Yo intento "pulirme" y tratar de ser más suave, pero cuando la pasión me gana me hace perder toda la sutileza. Y es más, en realidad yo puedo ser poco delicada, pero les juro que tengo criterio y no le dije nada ni al niño ni a su padre.

Yo no doy consejos —le advertí a Pedro—, pero te voy a regalar una frase que me dijo una señora del campo y que a mí me sirvió y que a lo mejor a ti también te puede ser de utilidad: "El día en que despiertes agradeciendo y no reclamando por haber abierto los ojos, vas a dejar de gritar automática y libremente".

¿Se han puesto a pensar en la cantidad de gente que se despierta sin siquiera reparar en que ha despertado, en vez de dar las gracias por haberlo hecho? Les aseguro que todos, de una u otra manera, lo hemos hecho y a usted que lee este libro, en algo le debe llegar. Si cuando abriéramos los ojos dijéramos "¡guau, desperté!" y además tomáramos conciencia de que ese día mucha gente no tuvo la suerte de hacerlo y de que todas las personas a las que amamos y nos importan están despertando también con nosotros, y si a esto le agregáramos el hecho de que de acuerdo con todos los estudios vinimos a esta tierra a tres cosas: a **aprender a amar** lo que más podamos, a **intentar dejar huella** para ser recordados por algo bueno cuando ya no estemos, y a **ser felices**, que no es un derecho, sino una obligación, claramente todos deberíamos despertar sonrientes y definitivamente muertos de la risa.

Estas cinco cosas —que desperté yo, que despertaron los que amo, que hoy voy a poder amar más que ayer, que voy a intentar o tengo la oportunidad de dejar una huella en alguien y que además se me regala la oportunidad de elegir ser feliz hoy día— son el centro o deberían ser el centro de nuestro agradecimiento cotidiano.

En realidad, en muchos sitios la vivencia del despertar es muy distinta, y sé que existen lugares en donde las personas abren los ojos sintiendo que son héroes que van a una batalla y que la nobleza de este "sacrificio" los destaca, ya que sienten que todo el esfuerzo que realizan, incluido el de levantarse, es por la familia y fundamentalmente para que ellos tengan todo lo que necesitan. Pero lo más común es que antes de salir de casa suspiremos tres veces por lo menos, dada la agonía que nos toca enfrentar sintiendo que la responsabilidad y el deber es algo de lo cual ojalá pudiéramos desprendernos.

Si ése es el comienzo, el regreso puede ser aún más patético, ya que a las siete de la tarde estamos cansados y las mujeres ya no tenemos maquillaje, el alisado de la plancha falló dada la humedad del ambiente y volvemos a nuestras casas sin haber entendido que debemos estar lindas para los que amamos y que, por lo tanto, deberíamos arreglarnos para regresar y no solamente para salir. Una actitud similar es la de aquellos hombres que los fines de semana no se afeitan y se ponen la misma ropa porque "están descansando", lo cual quiere decir que están guapos toda la semana, para todo el mundo, pero para la familia o la propia mujer son un desastre.

Dado el agotamiento, ya al atardecer los hombres se han quitado la corbata o por lo menos abierto los botones de la camisa como para poder respirar la agonía vivida en el trabajo; los niños de las escuelas, dado todo lo que supuestamente estudiaron y se concentraron, tienen los calcetines abajo y las camisetas o blusas están fuera de los pantalones, lo que al final termina por ofrecer el siguiente panorama social: que a las ocho de la noche, lo que parecemos todos es un grupo de heridos de guerra: feos, demacrados, pálidos y tristes; porque además existe la extraña convicción de que si uno llega bonito a la casa es como si no hubiese hecho nada, con lo cual sería más difícil cobrarles el esfuerzo a los que amamos.

Como este grupo viene "de la guerra" habla poco cuando llega a casa y se siente con el derecho muchas veces a desplomarse en la cama, ojalá con el control remoto en la mano, porque, particularmente para los hombres, esto parece tener un sabor especial. En esta actitud, casi agónica y sin sonrisa, se origina un discurso que, tanto implícita como explícitamente, tiende a afectar la dinámica educativa de los que amamos, particularmente de nuestros niños.

Este discurso incluye frases como:

Mi amor, si yo trabajo es para que tú tengas todo lo que
necesitas, porque si yo no trabajara tú no podrías ir al
colegio al que vas o tener esos zapatos que te acabo de
comprar; ¿te gustan esos zapatos? Bueno, para eso, la
mamá y el papá tienen que trabajar.

¡Estupenda lección! De esta manera, nuestros niños y los seres que amamos están entendiendo que el trabajo sólo sirve para comprar cosas, cuando lo primero que tendrían que
saber es que, independientemente de las dificultades y problemas, yo amo lo que hago, para luego enterarse de que
con eso vivimos.

Como existe mucha gente que por distintas razones no
puede hacer lo que ama o, lo que es peor, nunca se lo ha preguntado, creo que es importante aclarar que todos tenemos
la obligación de estar permanentemente preguntándonos
cuáles son nuestros talentos, dónde los podemos ejercer de
mejor forma y cuáles son los esfuerzos que desde la voluntad tenemos que realizar para poder llevarlos a cabo. Si por
alguna razón no he podido o no pude hacer lo que amaba,
tengo que desarrollar la capacidad desde la voluntad para
elegir amar lo que hago.

Lo grave de este discurso es que parece ser que nadie le
habló a los niños de la satisfacción del deber cumplido, nadie les explicó que el llegar cansados en la noche a la casa
es una obligación y además una bendición, porque significa
que hoy pudimos entregar todo lo que teníamos y que a eso
venimos a este mundo. Quizás ésta sea una de las razones

por las cuales nuestros niños han dejado de estudiar para
sacar la calificación máxima y hoy un porcentaje no menor
de ellos sólo estudia para aprobar, ya que no tienen ninguna
gana ni ningún anhelo de llegar a ser adultos. Esto tiene que
ver, además, con que nuestra generación se muestra poco
alegre y poco agradecida; ya no cantamos, no bailamos ni
hacemos "locuras", e incluso decimos en forma inconsciente y sin darnos cuenta "vengo muerto del trabajo", con lo
cual se nos hace difícil darnos el permiso para mostrarnos
no como adultos sin problemas, sino como adultos que con
problemas estamos disfrutando de la vida.

Es lo mismo que pasa en el ámbito emocional, donde la
dificultad para comprometerse de los jóvenes en alguna medida tiene que ver con el testimonio de los adultos, que siempre nos quejamos de los matrimonios. Creo que los jóvenes
van a querer comprometerse el día que vean a sus padres
coqueteando para que así perciban que el amor es entrete-
nido y que uno no se junta, convive o se casa sólo para pagar
cuentas. Son ellos, los niños, los que tendrían que sacarnos
de la sala mientras bailamos a oscuras y son ellos quienes
deberían decirnos que paremos porque les da pudor vernos
cuando nos besamos tanto. Sólo en ese momento ellos van
a querer tomar nuestras vidas como modelo y quizá por la
misma razón cada vez es menos frecuente que los hijos si-
gan los trabajos o profesiones de sus padres, porque no nos
ven contentos y sólo nos escuchan quejarnos gran parte del
día por todo lo realizado. Según registré en mi libro *No quiero crecer*, la frase que más nos escuchan decir los niños a los
adultos es "estoy cansado". Es como para reflexionar acerca
del testimonio que los adultos estamos dando, con el cual

les dificultamos con nuestros actos, más que con nuestras palabras, la capacidad de soñar, de reír y de trabajar con esfuerzo por lo que quieren.

Esta capacidad de ser agradecido, segunda condición para acompañar la decisión de ser feliz, por lo tanto, tiene que ver con agradecer lo simple, lo cotidiano. Esa temperatura del agua de la regadera, el olor a pan tostado, la maravilla de meterse en una cama con sábanas o pijama limpias. El aroma del césped recién cortado, la gentileza de una cajera en el supermercado o la carcajada de un niño a la distancia, son todas cosas de las que podemos disfrutar desde el sentido común que hoy, sin lugar a dudas, es el menos común de los sentidos.

La tercera condición clave para poder llevar todo esto a la práctica es que tenemos la obligación de trabajar **para centrarnos en lo que tenemos y no en lo que nos falta**. Sin lugar a dudas, esta condición evidenciada en el estudio parece un tanto obvia, ya que está más que probado que las personas que tienen capacidad para centrarse en lo que viven y tienen, y no en lo que les falta, experimentan mayores sensaciones de bienestar, de placer y de agradecimiento que los que no lo hacen. Todos y cada uno de los seres humanos tenemos problemas, a todos nos hace falta alguien o algo al que apelamos para decir que si lo tuviéramos seríamos plenamente felices; sin embargo, la capacidad para aceptar y amar lo que se tiene (que es siempre más de lo que uno ve) parece ser clave en la forma de enfrentar la vida y la felicidad.

De la investigación surgió una conclusión que a mí me pareció emotiva y real, y que tiene que ver con que "no es más feliz el que más tiene, sino el que menos necesita". Este

concepto de necesidad involucra todos los aspectos del ser
humano, ya que no tiene que ver solamente con lo económico o material, sino más bien con la percepción que se tenga
de ello. Quizá debido a esto sea que la pobreza rural se per-
ciba como más digna que la pobreza urbana, ya que en la
segunda el bombardeo de las supuestas necesidades es mucho más fuerte y, por lo tanto, todos los días se produce un
conflicto entre las expectativas, la oferta mediática y la frustración de no poder alcanzar todo lo que se me ofrece.

Quizás una de las conclusiones más fuertes para mí, y
que me generó muchas contradicciones y preguntas en el
estudio, fue que uno vive como quiere vivir. Evidentemente, en este análisis o en esta conclusión habría que excluir
cientos de lugares —tanto en nuestro país como en otros—
donde la gente, por más voluntad, ganas, decisión y actitud
que tenga, no encuentra los caminos para desarrollar esos
talentos. Sin embargo, debo reconocer también que durante
el estudio conocí a muchas personas que a pesar de no tener oportunidades ni recursos, y sí miles de obstáculos, pero
también ganas de salir adelante, lo consiguieron gracias a su
persistencia, buen humor y, sobre todo, por no escuchar a
toda esa tropa de estúpidos que constantemente les decían
que no iban a ser capaces. Éste parece ser sin duda el secreto
para vencer las barreras.

Si uno lee entre líneas lo que acabo de describir, empieza a emerger un concepto que, según mi humilde opinión, es el gran concepto del siglo XXI, por lo menos en
educación y en salud; un concepto que parece pasado de
moda y del cual muy poca gente habla y, lo que es más grave aún, es que no hay para qué llevarlo a la práctica dado lo

fácil y expedita que nos hemos hecho la vida. Este concepto devuelve el trabajo al propio ser humano y le permite hacerse cargo de su vida y de los resultados que ha conseguido en ella gracias al buen o mal uso de estas palabras: **fuerza de voluntad.**

La voluntad de ser feliz

La fuerza de voluntad es aquella que lleva a "pulir" el alma frente a las dificultades, lo que nos permite valorar el fruto de un trabajo bien hecho y entender que lo que de verdad se disfruta en la vida es lo que más nos ha costado.

Sin incorporar este concepto fundamental, hemos ido estructurando una sociedad que funciona por botones, donde el mecanismo *on-off* nos muestra lo rápido y fácil que parece todo, donde preferimos las escaleras mecánicas a las normales, los ascensores a subir a pie, donde queremos que los autos queden estacionados al lado del lugar al que vamos, donde si vamos a un restaurante sentimos la obligación de comernos todo el pan de la panera porque entendemos que forma parte del presupuesto del total de la cuenta, sin preguntarnos si es sano o no. Esto evidencia que todavía no está incorporado en nuestras cabezas ese mecanismo a través del cual uno llega a hacer las cosas por voluntad y no porque "me tocó" o porque "las debo hacer".

Hoy, las pantallas (el "Dios pantalla", como le he llamado) han invadido nuestras casas, nuestros dormitorios y nuestras vidas emocionales, lo cual no tendría nada de malo si de verdad nos hiciéramos conscientes de que depende del ejercicio de voluntad y no del azar el prenderlas o no. Hoy, irónicamente, estas pantallas (las de los televisores, computadoras y celulares) son cada vez más livianas y su delicadeza en la estética es cada vez mayor; parece que se ríen de nosotros, que estamos cada día más gruesos, más obesos y más sedentarios.

Sin duda alguna, otro buen ejemplo de nuestra escasa fuerza de voluntad se da en el cambio del rol educativo de los padres, quienes para evitar el conflicto y el sufrimiento de los hijos, los están complaciendo en todo: les preguntan qué quieren comer y los llenan de cosas que a la larga terminan dejando el alma insatisfecha, produciendo niños con un temple débil, con escasa tolerancia a la frustración, impacientes, con enorme capacidad para aburrirse y por lo tanto poca para crear, permanentemente insatisfechos y con insuficiente o nula disposición para agradecer.

Los padres que hacen las cosas bien son padres que están dispuestos a pagar el costo de ser desagradables en la educación de la voluntad, padres que "raspan y pulen el alma de sus hijos" en todo lo que sea necesario, porque tienen la certeza de que en la educación de la disciplina es donde está el secreto para que el día de mañana sus hijos sean las mejores personas que pueden llegar a ser.

Ejemplos de pérdida de conciencia de voluntad hay muchos más que los anteriormente mencionados; quizás uno de los que a mí más me emocionan y que me encanta recordar es el hecho de tomar conciencia de que debemos volver a imprimir o revelar, como antiguamente se usaba, las fotografías. La gran mayoría de nuestros padres y nuestros abuelos perdieron el derecho a ver fotografías en sus casas gracias al egoísmo de nuestra generación. Las fotos que las personas mayores tienen en sus casas son ésas en blanco y negro y las que lograron revelar hasta los años noventa. Eso tiene que ver con que ellos esperan que sus hijos les regalen o les lleven las fotos para verlas porque muchos no son amigos del "Dios pantalla" y les genera cierto rechazo o cansancio ver tanta foto.

En mi peregrinaje después del terremoto y del maremoto en mi país, lo único que me pedía la gente era que la ayudara a buscar fotografías, porque era lo único que les daba la sensación de que la vida continuaba, ya que todo lo demás lo habían perdido. En la mina San José, luego del accidente que dejó sepultados a treinta y tres mineros bajo tierra, pasó lo mismo: para los familiares de los accidentados era menos angustiante tener la foto del marido o el hijo que mirar la tierra y sentir que ellos estaban setecientos metros más abajo.

Tenemos todas las fotos metidas en máquinas, las cuales pueden perderse, ser robadas, intervenidas por un *hacker* o simplemente dejar de funcionar, con lo cual nos vamos a quedar sin historia. Además, la gran mayoría de las veces, guardamos las fotos en carpetas que rotulamos con, por ejemplo, "Verano 2012", y donde incluimos alrededor de seiscientas fotografías. ¡Seiscientas fotografías! ¿Qué familia se va a sentar a mirar seiscientas fotos, si nosotros antes éramos felices con treinta y seis y no necesitábamos más?

Hay gente que tiene música grabada en distintos dispositivos y que aunque se vaya caminando hasta Alaska no alcanzaría a escuchar todas esas canciones. No estoy diciendo con esto que todo tiempo pasado fue mejor; muy por el contrario, creo que la maravilla de la tecnología nos permite cosas impensadas y que son un regalo; lo que estoy diciendo es que deberíamos aplicar un espacio de reflexión en su uso para que nosotros controlemos a las máquinas y no al revés, como ocurre hoy y que tanto tiene que ver con el concepto de fuerza de voluntad descrito anteriormente.

Este tema de la voluntad tiene otra arista que no quiero dejar de mencionar y que se relaciona con la tendencia a construir sistemas sociales cada vez más centrados en los derechos, pero con escasa conciencia de los deberes. Me parece maravilloso que haya conciencia de los derechos en todo ámbito, porque nos dignifica y nos ubica en un lugar donde se impiden los abusos y los excesos de poder. Sin embargo, y como todo extremo es malo, creo que hoy nadie habla de los deberes y eso ubica a la sociedad de la cual somos responsables en una posición de exigencia y, a la larga, de muy poca generosidad. Sólo la voluntad que nos lleva, como decía, a hacernos cargo de nosotros, no nos vuelve asistencialistas y nos lleva primero a preguntarnos "¿qué haré yo?", antes de "¿qué me dan a cambio de lo que hago?".

Otro ejemplo de aplicación de fuerza de voluntad tiene que ver con las cosas hechas en casa. Les pido principalmente a los mayores de treinta y cinco años que recuerden sus cumpleaños de cuando eran niños y que piensen si para esos cumpleaños les compraron un pastel; lo más probable es que alrededor de 90% me diga con una sonrisa en los labios que no, que el pastel lo hacían en la casa dos días antes y que generalmente quedaba torcido o chueco. La gran salvación para enderezarlo era el relleno que se le añadía; si ese relleno se hacía con dulce de leche (que en ese tiempo había que hervirlo), éste se ponía tibio en el pastel para que no se rompiera. Con este impacto de calor, las pelotitas de colores o de chocolate, que eran el único adorno que había para decorar, tendían a derretirse, por lo tanto el pastel al segundo día adoptaba un tono verde azulado. El proceso terminaba de completarse cuando se compraban esas bolitas plateadas que se usaban para los pasteles de novios y que no se podían comer, pero que tenían una cubierta de azúcar que hacía que uno jugara con ellas un rato y después las anduviera repartiendo por cualquier lugar de la casa.

Si en estas breves líneas les he hecho recordar a muchos algo imperfecto, algo hecho en casa, ¿en qué momento se nos ocurrió que cuando estemos partiendo de esta tierra, los que amamos van a recordar un pastel de pastelería? Esos pasteles son maravillosos, perfectos y necesarios para muchas ocasiones, pero claramente nada va a reemplazar la imperfección, el cariño, el desorden e incluso la suciedad que alegremente dejan las cosas hechas en casa. Y esto sólo tiene que ver con la aplicación de la voluntad, con el esfuerzo consciente por "complicarse la vida", cosa que de verdad creo necesario volver a hacer.

Sé que lo que acabo de decir suena políticamente incorrecto, pero no voy a dejar de insistir en que independientemente de las inconsistencias que todos tenemos (partiendo, claro, por las mías), el volver al ejercicio de la voluntad con el establecimiento de ritos —como sentarse en la mesa para comer, apagar las pantallas mientras esto se hace, poner en silencio el teléfono cuando se conversa, mirar de frente al otro cuando le quiero decir algo, preferir el contacto directo antes que el virtual, la caricia real antes que el email— siempre va a ser mejor para una familia que seguir venerando permanentemente al "Dios pantalla" por sobre los vínculos afectivos reales.

En relación con los duelos —que ya lo veremos con más detalle en el capítulo correspondiente—, una de las formas de caminar con ellos, ya que éstos nunca se superan definitivamente, es a través de los recuerdos, pero no de cualquier recuerdo. Yo no me puedo acordar todo el tiempo de lo que el otro hacía bien antes de irse, porque si así fuera lloraría a gritos y el dolor no me permitiría funcionar. Lo que hacemos todos los que hemos sufrido pérdidas es recordar las imperfecciones y conductas absurdas que el otro tenía, porque eso mágicamente nos hace reír y, sin duda alguna, nos ayuda a caminar con el dolor.

No es un detalle menor, porque al preguntarnos por aquello por lo que queremos ser recordados cuando nos vayamos de aquí (algo que, por lo demás, deberíamos hacer todos los días), muchas veces nos ubicaremos en una carrera equivocada, intentando construir una vida perfecta, cuando lo que paradójicamente será recordado por los otros serán nuestras imperfecciones y las cosas que a ellos los harán sonreír en nuestra ausencia.

Además, tendría que agregar a este análisis un aspecto no menos relevante, y es que todo lo que uno recuerda de alguien cuando se va no tiene nada que ver con valores materiales, por lo tanto, todos nuestros esfuerzos por comprar cosas para hacer felices a los otros pierden sentido cuando yo o el otro ya no está. Nunca he asistido a un funeral —y créanme que he ido a muchos más de los que quisiera— donde se agradezca la compra de un celular *touch*, la televisión de pantalla plana y tantas otras cosas que nos quitaron tiempo para valorar lo importante en pos de atender lo que en ese momento consideramos urgente.

Al revisar esta investigación, uno descubre muchas cosas; la primera es que no dice nada nuevo; la segunda es que sólo despierta el sentido común que, como decía anteriormente, es el menos común de los sentidos; la tercera es que por algún lado el estudio nos debería llegar al alma, ya sea porque nos emocionó, nos hizo ver algo que no veíamos o nos sacó una sonrisa al reconocernos en él. Cualquiera sea el lugar donde me ubique para mirar esto, hay que reconocer que siempre, cuando se hace un trabajo, cualquiera que éste sea, del grupo de personas que lo reciba hay alrededor de un tercio que nunca entiende nada, haga o diga uno lo que sea. Evidentemente, a ese tercio no le estoy escribiendo, sino a los dos tercios restantes que de una u otra forma sienten que algo de lo dicho les puede servir.

Esta investigación, y me consta, cuando se aplica desde la voluntad puede cambiar vidas y puede convertirse en un primer paso para tomar la decisión de ser feliz, agradeciendo lo dado y lo recibido y centrándonos en lo que tenemos y no en lo que nos falta.

Capítulo 2

El dolor: un compañero de viaje

Escribir sobre el dolor ha sido un proceso íntimo y solitario; necesité empezar a hacerlo sola, porque parece que tomar contacto con él nos conecta con nuestras fragilidades, nuestras emociones simples y complejas, y, a la larga, con lo más profundo de nuestras vidas.

No conozco a nadie que haya aprendido cosas significativas o que haya cambiado sus prioridades en la vida estando plenamente feliz (entendiendo la felicidad como un símil de la alegría y no como una decisión, que fue lo que evidenció el capítulo anterior). Todos los aprendizajes se producen sólo por medio de procesos dolorosos y en las lecciones que rescatemos de ellos parece estar el secreto de nuestra evolución espiritual y afectiva.

Una encomienda no solicitada

Definir el dolor es simple, pueden encontrar el concepto en cualquier diccionario; es básicamente una sensación subjetiva lacerante, que muchas veces hace que duela literalmente todo y a través de la cual muchos hemos podido comprobar que el alma existe, porque de verdad se siente cuando la padecemos. El dolor es una encomienda que llega a nuestras vidas, la mayoría de las veces sin que la hayamos solicitado, y directamente a domicilio. Es una "caja" de feo aspecto que cuando la recibimos nos hace preguntarnos: "¿Por qué a mí?, yo no la quiero recibir"; vemos entonces la forma de devolverla y de rechazar el envío. Sin embargo, cuando nos damos cuenta de que no podemos hacerlo comenzamos a vivir una serie de procesos que básicamente son conductas que apuntan a deshacerse de esa "caja" que tenemos al frente y que no podemos dejar de mirar.

En la introducción de este libro yo planteé que quizá de las ilusiones más grandes y desarrolladas que tenemos en esta sociedad moderna es que le ganamos al dolor. En esta ilusión ayudan los medicamentos, los ruidos, el quehacer cotidiano, incluso las adicciones que, de uno u otro modo, en forma ilusoria nos hacen sentir que podemos evadir el dolor, ya sea anestesiándolo, bloqueándolo o escondiéndolo en alguna parte de nuestra estructura mental, desde donde sin lugar a dudas intentará salir para que nos hagamos cargo de su presencia.

Los dolores psicológicos pueden ser muchos y pueden originarse por diversas causas; se pueden presentar como conflictos, en forma de peleas o discusiones, pérdidas, enfermedades y todos los tipos de duelo que llegan concentrados en esta encomienda que aparece ante nosotros literalmente como algo desagradable que no queremos aceptar.

Creo firmemente que cuando uno se atreve a mirar esta encomienda, con susto, con miles de preguntas, pero con la curiosidad de querer descubrir "**para qué llegó**" y no "**por qué llegó**", es cuando comienza una aventura de transformación a la cual estamos todos invitados. Los que se atreven a aceptarla y abren esta encomienda, descubrirán en el caminar con ella que trae un sinnúmero de propuestas y de ofertas de crecimiento y, por qué no decirlo, de regalos que a la larga deberían hacernos crecer y fortalecernos como personas.

No puedo negar que muchas veces en situaciones dolorosas de mi vida, mucha gente cariñosa me ha dicho frases como las que acabo de mencionar: "Pilar, después de esto saldrás fortalecida", consuelo que muchas veces me ha generado rabia y frustración y me ha hecho gritar: "¡No quiero ser más fuerte, no tengo ganas de fortalecerme más!". Sin embargo, no puedo dejar de reconocer que al transitar por el camino del dolor o, mejor dicho, al transitar el dolor conmigo en la vida como un compañero de viaje, sin duda alguna los resultados han sido más que positivos.

En nuestros países —en algunos más que en otros—, el respeto por el dolor ajeno no es mucho; primero, hemos perdido la capacidad de asombro, por lo que muchas veces parecemos indolentes, fríos y poco inmutables frente al dolor de los demás; segundo, tendemos literalmente a apresurar a las personas que están mal, probablemente para que dejen de ser un problema en nuestras vidas o porque no sabemos cómo ayudarlos ni qué decir, conducta que al final genera que las personas vivan sus dolores de forma solitaria, ya que al poco andar sienten que son regañadas por expresar sus penas. Está absolutamente probado que la expresión emocional, vale decir, la capacidad emocional para decir y para reconocer tanto en nosotros mismos como en los otros lo que sentimos, es una condición importantísima para la salud mental y física de los seres humanos.

Si me expreso en forma básica y simplista como psicóloga, al preguntarme cuáles son las emociones mínimas que todo ser humano debería reconocer en sí, expresar cotidianamente y además reconocer en otro, éstas serían cuatro y voy a agregar una quinta que no es una emoción, sino más bien un estado emocional que se deriva probablemente de la modernidad y que cada día es más importante saber reconocer. Estas cuatro emociones son la alegría, la pena, el miedo y la rabia, y el estado emocional mencionado que deberíamos ser capaces de codificar es la angustia. Sin duda alguna, estos cinco estados o emociones parten desde un correlato fisiológico corporal, es decir, los sentimos en el cuerpo; además, cada uno de ellos viene acompañado de pensamientos o procesos cognitivos que aumentan o disminuyen determinadas sensaciones corporales, las cuales hacen que nos demos cuenta de que las estamos experimentando y, por lo tanto, que podemos expresarlas hacia fuera. Lo mismo pasa cuando observamos a un otro y somos capaces de percatarnos del estado emocional que éste está viviendo. Sin embargo, en muchos de nuestros países existen serias dificultades en el reconocimiento y en la expresión de todas estas emociones.

La alegría, en primer lugar (y ya lo vimos en la investigación sobre la felicidad), en muchos países no se puede expresar, ya que es atribuida a una falta de control de los impulsos y, a la larga, a la poca inteligencia. En este aspecto debo rescatar a países como México, Argentina, Colombia y Ecuador, donde reírse —y reírse fuerte— forma parte de una expresión social cotidiana.

La pena sigue siendo en muchos lugares una expresión de debilidad y de fragilidad; de hecho, si alguien se emociona, se le hace un nudo en la garganta y literalmente se le llenan los ojos de lágrimas, en muchos países en forma errónea se dice "esa persona se quebró", asumiendo con esa frase que perdió la compostura, el rigor y la templanza. Aquí se encubre la presunción de que alguien con los ojos llenos de lágrimas debería fingir una carraspera o una tos como para que la lágrima baje y, más aún, de que esa persona deberá pedir perdón por tal momento de desequilibrio. Me parece terrible —además de poco sano— el que alguien tenga que pedir disculpas sociales por reírse mucho y también por tener pena... quizás aquí están las causas de muchas de nuestras enfermedades físicas y socioculturales.

Es común que en varios países, partiendo por el mío, un "buen funeral" es aquél en que la viuda está literalmente drogada. Cuando ocurrió la muerte de mi pareja, yo podría haber instalado una farmacia con todos los medicamentos —desde los más naturales hasta los más químicos— que me ofrecieron ese día; la oferta siempre era la misma: "Toma esto, Pili, para que estés tranquila, sueño no te va a dar". Cuando yo reclamaba que no quería estar tranquila, podía apreciar la cara de asombro de todos y cuando explicaba que había partido lo que más amaba en la vida y que si ese día mi país, al que amo, no me permitía llorar a gritos, ¿entonces cuándo iba a poder hacerlo? Es que parece que ante las grandes penas hay que mostrar una mal entendida fortaleza que implica no expresar el dolor para parecer "digno",

sin entender que la gran condición de salud y de real fortaleza va más por el no negar la emoción, por expresarla y tomar contacto con la fragilidad para que desde ahí salga la
fuerza para soportar cualquiera que sea el dolor vivido.

Siempre alguien va a ser más fuerte cuando es capaz de
reconocer que es débil frente al dolor vivido. El "hacerse el
fuerte" y no mostrar las emociones pareciera tener más que
ver con inseguridades y con miedos que con una real fortaleza y madurez.

El miedo como tercera emoción ha ido mutando y cam-
biando de significado a lo largo del tiempo. Cuando yo era
adolescente y tenía miedo a algo, me decía en mi interior
que ahí no me debía acercar porque se me informaba con
la emoción que estaba frente a alguna conducta de riesgo
para mí. Hoy, sin embargo, quizá por lo anestesiados que estamos emocionalmente, el miedo se ha transformado en un
cable que nos conecta con la sensación de estar vivos, de
sentir adrenalina, de tomar contacto con nuestro cuerpo y
con nuestras emociones más básicas. Por lo tanto, el miedo
hoy, en muchas circunstancias, es un elemento atractivo de
atravesar. Un ejemplo característico de esto son los parques
de diversiones a los cuales yo iba cuando era niña y donde
la mayor adrenalina la encontraba en un carrusel, sobre un
delfín y escuchando música clásica; mientras giraba le hacía
señas a mis padres que me esperaban abajo y el mayor vértigo radicaba en el tiempo que demoraba el carrusel en dar la
vuelta para poder ver una vez más el rostro de mis padres...
era como un viaje de independencia y de juego. Hoy, si un
juego no incluye una unidad de rescate coronario o literalmente una ambulancia, parece aburrido e indudablemente

no es tan requerido por la gente. Para que estos juegos resulten atractivos es importante que provoquen mucho miedo, es un requisito poder gritar, llorar y hasta masoquistamente reclamar por haberse subido, para luego, al bajarse, querer volver a subirse y experimentar de nuevo la sensación extrema de que todos mis signos vitales están presentes.

El miedo hoy se pone a prueba en la medida en que se juega con él y está, a mi juicio, dejando peligrosamente de ser un elemento protector. En algunos grupos, hoy es valiente el que prueba la droga, no el que dice que no; el que maneja a grandes velocidades y no el que es prudente y conduce de acuerdo con lo establecido.

Así, finalmente, llegamos a la rabia, emoción que extrañamente se ha hecho la más popular entre las anteriores, y digo la más popular porque hoy es la emoción que regula prácticamente toda nuestra comunicación social.

"Si me enojo me ves", parece ser la consigna, ya que si hablo fuerte, si grito, si insulto, si me manifiesto desde la rabia, soy visibilizada, reconocida, valorada y considerada por el otro. La rabia, además, es la emoción de mayor expresión en las redes tecnológicas, donde, encubiertas por el anonimato, las personas se sienten con el derecho de destruir y de expresar su rabia sin ninguna prudencia y sin tener la capacidad de empatía al evaluar lo que al otro le puede ocurrir con esa expresión.

La rabia, como todas las emociones, tiene también aspectos positivos, entre los que se cuentan el que me lleva a protegerme y a defenderme instintivamente de lo que yo podría calificar como un enemigo; es esta rabia instintiva y primitiva, y no la elaborada y bien expresada de un adulto maduro, la que uno puede percibir que está gobernando nuestras comunicaciones cotidianas y sociales.

Si bien yo podría pensar que una sonrisa abre más puertas que una mala cara, por alguna razón estamos pensando que al presentarnos en forma rabiosa va a ser todo más rápido y efectivo. La gente amable parece invisible y poco reforzada positivamente. Se considera orgulloso, audaz, valiente y osado al que grita fuerte para ejercer sus derechos, y *nerd*, torpe y tonto al que lo hace en forma cordial.

Nos estamos aproximando, en mi humilde opinión, a un punto peligroso con estas emociones, porque al no expresarlas o expresarlas mal nos estamos enfermando más y perdemos así la posibilidad de desarrollar virtudes como la humildad, la templanza, la prudencia y la paciencia.

El estado emocional de la angustia es la maravillosa expresión corporal de todas las emociones mal vividas y que se experimenta siempre ante la anticipación de un futuro que uno cognitivamente visualiza como negativo. En el cuerpo se experimenta como una apretura en el estómago, y se manifiesta en un respirar cortito, con mucho suspiro y con una sensación de parálisis emocional y conductual que nos lleva a quedar estáticos, sin la posibilidad de ejecutar acciones que nos saquen de aquello. De hecho, el moverse y hacer cosas parece ser uno de los secretos para poderla manejar a ratos. La angustia nunca ocurre en la conexión con el presente; en el presente puede haber pena, miedo, rabia, pero es la anticipación frente a algo que no ha ocurrido donde se manifiesta la angustia. Quizá por eso da tan buen resultado en los talleres el aprender a respirar profundo para conectar con el presente y luego hacerse las siguientes preguntas:

"¿dónde estoy?", y "¿qué estoy haciendo?". Cuando uno se plantea estas interrogantes, el anclaje con el presente es inmediato y al llegar a ese punto se descubre que la angustia disminuye.

Tengo que reconocer que en periodos de alta angustia en mi vida me he pasado todo el día haciéndome estas dos preguntas, a tal punto que me llego a reír de mí misma por la tremenda dificultad que experimento cuando atravieso estados de dolor ligados con el presente. Cuando me estoy duchando, ya estoy pensando en cómo me voy a vestir, cuando me visto, en lo que tengo que hacer, etcétera, por lo tanto, la capacidad de vivir el presente disminuye al mínimo, a pesar de ser lo único que tenemos.

Al analizar la dificultad que tenemos para convivir desde lo cotidiano con estas simples emociones o estados emocionales, resulta sencillo entender por qué tendemos a evadir nuestras fragilidades y los aprendizajes que el dolor nos viene a mostrar.

Al apresurar los procesos de dolor para que éste pase rápido, hacemos lo mismo que al cortar frutas que aún no han madurado y que necesitan su tiempo sagrado para estar a punto. Los dolores deben ser respetados, escuchados y queridos, sí, queridos, e incluso digo más, acariciados por nosotros mismos primero para después ser respetados y escuchados por los que amamos, para que así adquieran su punto de madurez para ser digeridos por nuestro mundo emocional e incorporados en la historia de nuestra vida de forma sana, agradecida e integral.

No se puede huir del dolor

Del dolor, aunque parezca lo contrario, no se puede huir; de hecho, ocurre lo mismo que con los fantasmas o con los antiguos oráculos griegos: mientras más evado algo, más crece dentro de mí. Puedo tener la ilusión de que he escapado a través de distintos medios como los medicamentos —necesarios, por cierto, en muchas ocasiones—, los viajes, los ruidos, las adicciones, pero finalmente en la vida uno termina por encontrarse con aquello de lo cual huyó y en ese momento generalmente será de un tamaño mayor al que tenía la encomienda inicial.

Una de las conductas de fuga de los dolores son los ruidos, vale decir, el estar "conectados" pero cada vez más aislados, venerando al "Dios pantalla" que nos hace escapar de lo que nos sucede y conectarnos con extraños, lo que parece ser más cómodo que ver lo que le pasa a los nuestros o a nuestro propio corazón.

Las adicciones, particularmente las drogas y el alcohol, parecen ser en estos tiempos la mejor forma de evadir el dolor. Por medio de éstas se accede a un estado especial donde todo parece disfrute mientras se vive, para que luego, cuando pasa el efecto, inexorablemente se produzca la conexión con el dolor del cual se intentó escapar. Esto adquiere mayor relevancia en los jóvenes, porque como son una generación *on-off* —como describo en mi libro *No quiero crecer*— y todo lo que teclean no pueden decirlo de frente, estos factores externos evasivos como el alcohol y las drogas les permiten decir lo que no se atreven y expresar las emociones que de otra manera se sienten contenidas. Es así como pueden llorar, reír y hablar, cosa que en otros estados sería imposible realizar.

En este punto quiero hacer una salvedad en relación con el tema farmacológico, ya que no quiero que se piense que en este proceso de acariciar y mirar el dolor como algo natural a la vida, no deberíamos tomar remedios. Hay situaciones de angustia y de tristeza que no se pueden procesar solos, así como hay personalidades que, por distintas razones, no tienen la capacidad de tolerar situaciones de dolor muy profundo. Es en estos casos y otros más donde tomar medicamentos puede ser una gran ayuda para que los mecanismos cognitivos se activen en forma limpia y podamos entonces transitar por el camino que nos permita rescatar los aprendizajes del proceso doloroso y, por lo tanto, poder mirar el dolor sin tantos bloqueos corporales.

Dependerá de la estructura de personalidad, de la situación y de otras variables individuales si esos medicamentos son transitorios o permanentes. Creo que, sin duda, los seres humanos deberíamos trabajar desde la voluntad para llegar a depender lo menos posible de lo externo para estar bien; sin embargo, no siempre se puede, y lo farmacológico, si bien no puede eliminar el contacto con el dolor, muchas veces ayuda a caminar a través de él de mejor forma.

Todo este proceso de mirar, de tocar, de hacerse amigo y de no pelear con el dolor, de no enojarse porque está ahí, es un camino difícil, pero créanme que es mucho menos complicado que toda la fuerza psicológica que se emplea en hacerle el quite, en hacer como que no está y en todos los recursos que utilizan nuestra mente y nuestro cuerpo para no escuchar lo que dentro de nosotros grita cuando estamos en silencio, cuando apagamos la luz en la noche, cuando nos duchamos, manejamos el auto en soledad o simplemente ocurre algo que nos hace conectarnos con las verdades, miserias y maravillas que habitan dentro de nuestra alma.

Todos hemos vivido la experiencia de tener un dolor enquistado en el alma. Esas rabias que nos hacen cortar la comunicación con algún ser querido y nunca más vincularnos con alguien que en algún momento quisimos mucho o fue muy importante en nuestras vidas, son un camino difícil de transitar y nos conectan con todas nuestras oscuridades, limitaciones y con ese lugar donde se pone en juego nuestro ego y nuestras vulnerabilidades. Los procesos de reconciliación son un misterio y son tan individuales que son imposibles de juzgar. Parece entonces clave reconocer que el gran trabajo del alma con los dolores es el de intentar sanarlos encontrando aprendizajes y hasta la corresponsabilidad del proceso. En este sentido, el perdón, claramente, es un regalo que uno se hace a uno mismo más que al otro y el trabajo debería realizarse con el dolor generado y no con el recuerdo, porque, por lo general, de las cosas dolorosas no nos olvidamos. Esto hace que la salida esté en el dolor, el cual se puede sanar a veces con ayuda externa y otras sólo con trabajo individual, mediante el cual aprendamos a soltar el daño en busca de la paz que tanto bien nos hace. Este trabajo personal es fundamental, ya que como algunos teóricos plantean, a uno nunca le hacen daño y lo que produce el dolor son las expectativas que uno tenía frente a esa relación o situación y que evidentemente no se cumplieron.

Hay tanta gente que camina por la vida con rencores, envidias y rabias no procesadas, que si trabajáramos en esos temas en busca de una paz interna, el mundo, sin duda, sería un mejor lugar.

Cuando los orientales explican que el apego es la mayor causa de sufrimiento humano no sólo se refieren a las cosas y a los afectos en general, sino también a los rencores y a las rabias, a las cuales califican como la mayor expresión de falta de libertad humana, ya que nos atrapa en un mundo que nos impide mirar la belleza y entonces la conexión con la paz se hace imposible.

El no tener temas pendientes o andar "ligero de equipaje" parece ser la clave para enfrentar de buena o de mala forma la vida en general, la vejez y, por supuesto, la muerte.

Una vez que hemos decidido mirar el dolor, y evaluar si estamos expresando y reconociendo nuestras emociones e intentando hacernos amigos de esta encomienda, los quiero invitar a transitar por dos caminos de dolor: uno, inevitable, y otro que, gracias a Dios, no le toca a todo el mundo, pero del cual todos podemos aprender y mucho. Estos dos caminos en los que me interesa profundizar y los que he vivido e investigado son la muerte y el cáncer.

Capítulo 3

La única certeza: la muerte

Facundo Cabral, un ser muy querido por mí, decía que el hombre era un ser extraño: "Nacer no pide, vivir no sabe y morir no quiere...", y qué razón tiene en esa frase. Si tenemos una certeza en la vida desde el día que nacemos, es que nos vamos a morir. Perdón por la mala noticia, si es que no lo sabían, pero es inevitable; todos, sin ninguna excepción, nos vamos a morir.

Tengo el casi total convencimiento de que usted que lee estas líneas ha hablado muy poco con los suyos de cómo quiere que sea su muerte. Me refiero a su ceremonia de despedida, a cómo quiere o se imagina su partida o incluso a los miedos que tiene al respecto. Si lo ha hecho, lo felicito, porque es una condición de salud el hacerlo y siempre he pensado que una persona que tiene conciencia de muerte tiene al mismo tiempo conciencia de vida y, por lo tanto, la disfruta más que alguien que la niega. Alguien que tiene conciencia de muerte, necesariamente disfruta más de las cosas simples, cuida más los afectos y no pierde la oportunidad de viajar "ligero de equipaje" y de dormir en las noches sin dejar pendientes.

El hablar de la muerte le quita peso a los que se quedan una vez que yo me voy; les soluciona el "evento" para poder concentrarse en la pena de la ausencia. Es un acto, al fin y al cabo, de amor, ya que al dejar las cosas claras, cuando llegue el momento de partir todos sabrán lo que hay que hacer y se quedarán con la maravillosa tranquilidad de estar respetando la última voluntad del que se fue.

Todavía hay mucha gente que siente que hablar de la muerte es como "llamarla", como si no fuera a llegar precisamente sin que la llame nadie. Cuando un país tiene conciencia de muerte como, por ejemplo, Colombia, goza de una fantástica capacidad para disfrutar de lo cotidiano, de ser agradecidos y de valorar la vida como un regalo que no se sabe cuándo termina.

La muerte, sin embargo, no se vive de la misma manera en todos los países y en todas las culturas. En México, por ejemplo, la muerte se celebra cada año, los primeros días de noviembre, pues se cree que las almas de los difuntos regresan de ultratumba para degustar los platillos y bebidas que sus seres queridos han preparado especialmente para la ocasión, y que se colocan en altares decorados con flores de cempasúchil y papel picado de colores.

La forma en que deberíamos experimentar la muerte depende del significado que le demos. Digo "deberíamos" porque, por ejemplo, para los católicos tendría que tratarse de una alegría producida por la esperanza de la resurrección, pero está muy lejos de ser vivida así. La muerte es un desgarro, algo se desprende del alma de uno cuando un ser querido parte y nunca vuelve a quedar igual.

Es evidente que no parece dar lo mismo el cómo parta

el otro; aunque se entiende que no existe la partida óptima para nadie, los procesos serán diferentes según cómo se produzca la muerte.

Las cuatro etapas del duelo

Toda pérdida tiene cuatro etapas por las cuales inexorablemente hay que caminar si uno quiere vivir el proceso sanamente. Los psicólogos hemos descrito que estas cuatro etapas son: la de *shock*, la de rabia, la de pena y, finalmente, la de reconciliación con el duelo. Quiero aclarar de inmediato que estas cuatro etapas no son secuenciales ni cronológicas en el tiempo. Uno puede pasar por las cuatro en un día y eso es tan normal como quedarse pegado por un rato en alguna de ellas o sentir que uno avanzó de una etapa a otra y que por algo que pasa se vuelve a retroceder a la que se suponía era la etapa anterior. No hay reglas ni secuencias teóricas, sino individuos e historias que deben respetarse. De hecho, para que un duelo sea evaluado como normal, tiene que haber pasado un año entero, debido a que hay que pasar por todas las fechas que con esa persona fueron importantes —primera Navidad, Año Nuevo, cumpleaños suyo y mío, "día de..." (lo que sea que se celebraba de acuerdo con las costumbres que teníamos con el que partió), etcétera— para poder evaluar si uno literalmente se quedó "pegado" en el duelo y necesita apoyo externo para avanzar.

Cuando decía que muchas veces no éramos respetuosos con las penas del otro y que los apresurábamos a superarlas, por una parte, por miedo a no saber qué hacer y, por otra, para poder seguir con nuestras vidas, con los duelos pasa lo mismo. En general, independientemente de las características de la pérdida, no se permiten más de tres meses para sufrirla, y estoy siendo generosa; pasado ese tiempo, uno debería estar bien y tener todo asumido. Esto inevitablemente lleva a que las penas se vivan en soledad y, por lo tanto, el riesgo de una enfermedad física aumenta, en la medida en que la pena literalmente se "enquista en el alma y en el cuerpo".

Uno de los comentarios que me generó risa cuando viví determinada pérdida fue que al yo llorar no lo estaba dejando descansar. Recién habían pasado tres meses y yo además de mi pena enorme y de tener que desarrollar las fuerzas para levantarme y continuar, ¡tenía que hacerme cargo de su descanso!

Como este ejemplo hay muchos que evidencian el poco respeto que muestran algunas personas, lo que impide que podamos vivir sanamente nuestras pérdidas. Por eso los orientales dicen que cuando lloramos por una pérdida, al final lloramos por nosotros y no por los que se fueron. Yo lloro por mí, porque yo lo echo de menos, porque a mí me falta tocarlo, olerlo, escuchar su voz, porque quiero compartir con él o con ella tal o cual experiencia. La verdad es que la pena del duelo es una pena egoísta —en el buen sentido de la palabra— que necesita ser caminada para transmutar hacia un estado distinto.

En general, la experiencia del dolor de una pérdida es como levantarse una mañana y encontrarse sorpresivamente con una tremenda inflamación en un brazo; esa inflamación se ve a kilómetros de distancia, la reconoce todo el mundo, duele profundamente y nada que uno tome, se diga o se

administre como "remedio" logra disminuir la inflamación.
Como uno tiene que seguir transitando por la vida, lentamente después de algunos días de parálisis —dada la gran-
deza de la inflamación y del dolor— se comienza a caminar
con este daño a cuestas, lo que permite recibir la compasión
en un buen sentido y el acompañamiento de otros que al ver
la tremenda lesión consuelan, nutren y dan afecto con el objetivo de encontrar "algo" que logre atenuar el dolor. Con el
paso del tiempo y el transcurso de los meses se ha aprendido
—con días buenos y días malos— a caminar con esa inflamación; los especialistas, irónicamente, dicen que el tiempo
ayudará, pero uno tiene la certeza de que siempre estará ahí.
Efectivamente, con el tiempo la lesión parece disminuir, el
resto ya casi no la percibe, como si lentamente se hubiera
hecho invisible o uno experto en ocultarla; sin embargo,
uno sabe que está ahí, que tiene otra forma, que incluso puede llegar a sentirse menos o a ratos no sentirse, pero basta
con que llegue una fecha, un aroma, una voz u otra circunstancia que me la recuerde para que la conciencia de esa inflamación vuelva a estar presente y adquiera incluso a veces
la misma nitidez y sensación que el primer día. Puede incluso pasar que la inflamación desaparezca, que nadie la vea,
pero la persona que experimentó una pérdida en la vida,
sabe que ésta está ahí.

Este proceso, como dije al principio del capítulo, pasa
por cuatro etapas, que insisto no tienen un orden lógico ni
secuencial, pero que es importante vivirlas todas, aunque
sean juntas y desordenadamente. Como factor común a estas cuatro etapas quiero mencionar que es importante que
sea posible comunicar y conversar de la forma en que cada

persona libre y soberanamente quiera hacerlo; aquí no hay
fórmulas ni esquemas preestablecidos. Si la persona quiere expresarse hablando, llorando, viendo todas las fotos o
guardándolas, eliminando la ropa o dejándola en el clóset
por un tiempo razonable, todo está bien en la medida en
que haya conciencia de que se está en un proceso, para así
poder ser flexible con todos los cambios que éste traiga.

La primera etapa, que es la de *shock*, es la de negación
de la situación de pérdida, es la resistencia a aceptarla como
una verdad, es pensar, por ejemplo, que el otro va a llegar,
que lo vamos a encontrar sentado donde siempre se senta-
ba, que anda de viaje pero va a volver, etcétera. Tiene que
ver con el no poder creer o no querer creer que el evento su-
cedió. Esta etapa es mucho más fuerte e intensa en las partidas repentinas o inesperadas, ya que, como veremos en el
capítulo sobre el cáncer, el inicio de esta fase se da en el momento del diagnóstico y no con la muerte del enfermo.

Un ejemplo muy representativo de cómo se vive esta
etapa de *shock* es lo que ocurrió en mi país con el accidente en la isla Juan Fernández, ocurrido el 2 de septiembre de
2011 cuando un avión se estrelló contra la superficie del mar.
Fallecieron tres tripulantes y dieciocho pasajeros, entre
los cuales se encontraba mi amigo Felipe Cubillos, a quien
mencioné antes en este libro. Los chilenos pasamos mucho
tiempo pensando que no era verdad, no creíamos que esos
pasajeros hubieran partido.

Generalmente en esta etapa, e independientemente de
cómo se dé la pérdida, la sensación de pequeñez y, literalmente, de insignificancia frente a las "leyes de la vida" es
enorme. Uno empieza a sentir que no tiene ningún control

frente a la existencia humana. Es como suponer que todo, absolutamente todo, puede pasar y eso genera frente a lo cotidiano una experiencia de fragilidad inmensa que muchas veces es difícil de manejar.

En esta etapa del duelo se pone a prueba una de las mayores tendencias que tenemos los seres humanos y que tiene que ver con querer controlar todo en la vida. En una sociedad que evita a toda costa tener miedo, donde todo se instala para protegernos y para que "nada" nos pase, la aparición de la muerte rompe este equilibro que parecemos haber desarrollado en forma tan eficiente. Nuestras casas cuentan con todo tipo de seguridades, nuestros bancos existen para proteger lo que hemos conseguido, esto refuerza siempre la idea de que tenemos el máximo control en nuestras vidas y así nos volvemos cada vez más seguros, hasta que llega la muerte como visita inevitable y uno empieza a entender que en la medida en que envejecemos, cada vez tenemos más claro que es muy poco lo que se puede controlar y que la vida sorprende a cada rato.

Existe, por lo tanto, una resistencia a transitar por ese camino, aunque en el fondo de nosotros sepamos que es inevitable. La cabeza pone en práctica todas las fórmulas posibles para restablecer los mecanismos de control usuales que nos llevan a pensar que el otro está bien, que hay que mantener la cabeza ocupada para "no pensar tanto" y tantas otras salidas a partir de las cuales paulatinamente vamos tomando conciencia de lo que ha ocurrido en nuestra vida, cambiándola para siempre.

Es común que la etapa de *shock* sea seguida por la de la rabia, la cual se desarrolla como un mecanismo cognitivo que intenta buscar explicación de lo ocurrido y desde ahí poder disminuir la pena. Al realizar este ejercicio, que es natural y espontáneo, se intenta buscar responsables y la rabia se empieza a trasladar hacia la persona que se fue, hacia los posibles causantes de esa partida, si es que los hubo, hacia Dios, si es que se cree en él, o hacia la vida en general, como la causante ilógica de este dolor. Después de transitar por esta etapa rabiosa que, insisto, siempre va mezclada con las otras, empieza paulatinamente a hacerse el espacio para la expresión de la pena que, ojalá, pueda salir en forma limpia, libre y sin moldes.

Esta rabia genera un sinnúmero de preguntas, de las cuales muchas nos ponen en contacto con aspectos muy profundos y esenciales de la vida, como, por ejemplo, si ésta es justa o no. Si uno hace un corte transversal a la vida en este instante, todo parecerá injusto. No entiendo por qué estoy sufriendo tanto cuando hay personas a las que pareciera que la vida les resulta tan fácil o por qué hay tanta gente mala a la que nunca parece pasarle nada negativo. Sin embargo, si uno tuviera la paciencia de ver transitar en detalle la vida de los otros, uno tenderá a descubrir que al final del ciclo parece ser que todos los seres humanos, aunque no hayamos vivido las mismas situaciones, recorremos los mismos aprendizajes. También parece ser cierto que no todos los seres humanos vinimos a aprender las mismas cosas, y yo soy una convencida, dadas las investigaciones que he realizado, que en nuestras historias todos tenemos un solo tema que vamos trabajando; unos aprenderán toda la vida a ser más humildes, otros, a controlar la ansiedad, otros pelearán con la responsabilidad, etcétera.

Creo, eso sí, que mientras más rápido aprendemos la lección, más rápido la vida nos deja "de molestar". El gran desafío parece ser descubrir lo antes posible cuál es nuestro aprendizaje.

En este proceso, la rabia es un buen mecanismo para hacerse ciertas preguntas que nos ayudan a descubrir tanto los dolores evidentes como aquellos dolores silenciosos que no se muestran y que generalmente son vividos puertas adentro, sin ser compartidos. Por eso es que no sirve la comparación de los dolores, y como la máquina que "pesa" el dolor todavía no se inventa, parece ser inútil confrontar mi dolor con el de otros. Esta tendencia a comparar es muy frecuente en las etapas rabiosas y dentro de las familias más aún, ya que parece inevitable —aunque poco sano— escuchar frases como "yo he sufrido más que mis hermanos" o "la vida me ha tocado más dura que al resto". En lo profundo, esto es evidentemente falso, ya que no se puede medir cómo cada persona procesa y vive el dolor... y cómo logra superarlo también parece ser un proceso individual.

En esta etapa, asimismo, empieza a ocurrir que se abre un espacio de infinitos cuestionamientos dirigidos a indagar si es que uno le dio al que se fue todo lo que uno podía o si podría haber hecho más de lo que hizo por él. Evidentemente que uno podría siempre dar más de lo que da, pero dentro de la humanidad y fragilidad que a todos nos condiciona, uno termina dando sólo lo que puede. Estas preguntas no tienen sentido, son inevitables, pero no lo tienen porque no pueden ser respondidas por quien nos interesa y además tienden en muchos casos a generar culpas que en nada ayudan al proceso del duelo.

Es importante reconocer que es muy duro cuando una persona que queremos se va o se muere y nos quedaron cosas pendientes por decir o por hacer con ella. La sensación es horrorosa, la recriminación es aún peor y no tiene salida; el trabajo del perdón es lo único que parece calmar este difícil trance.

Es diferente decir "responsabilidad" que "culpa"; frente a la primera, es fundamental cerrar el proceso, en lo cual a veces se va a necesitar ayuda. Otras veces con una simple comunicación con el que se fue a través de, por ejemplo, una carta que se quema después de ser escrita, parece ser suficiente para sanar esta etapa. La culpa, en cambio, es un eterno camino de recriminaciones que tienden a paralizar y enquistar el proceso de duelo, ya que es un círculo que no tiene salida. Frente a esto hay que intentar ser objetivo, reconocer responsabilidades, analizar lo que uno pudo o no haber hecho mejor, pedir perdón o perdonar si es necesario y avanzar en esta caminata que dura toda la vida.

Cuando la rabia ha permitido la realización de todas estas y otras preguntas, suele entrarse a la tercera etapa, que tiene que ver con la pena o el reencuentro con esa tristeza tranquila que implica el tomar contacto con la ausencia del otro. Esta tristeza es el primer encuentro con la expresión concreta de la ausencia que, paradójicamente, se empieza a hacer más presente.

Hay periodos en el proceso de duelo en los que la ausencia se empieza a consolidar en una presencia permanente y donde literalmente es difícil "sacarse al otro de la cabeza". Todo parece recordarlo y es muy difícil realizar cualquier tarea sin que esa persona que se fue esté en alguna parte de mi mundo emocional, lo cual aumenta la sensación de fragilidad frente a esta pena que se siente; en nuestro fuero interno, sabemos que el otro está ahí, a pesar de que podamos seguir funcionando bien en lo cotidiano. Sentimos una pena basal por sobre la cual construimos una cotidianidad que tiene "olor" a falso, pero que nos ayuda a seguir adelante con nuestra vida.

A medida que iba revisando esta etapa con las personas que participaron del estudio, siempre me preguntaba por qué existe tanto miedo a llorar. Es como si sintiéramos que al llorar caemos en un vértigo que no vamos a poder controlar y que de ahí iremos hacia un túnel oscuro que parece falsamente llevarnos a una depresión, que es la máxima evidencia del no control de nuestro estado de ánimo.

Llorar es muy bueno y muy sano, y está lejos de llevarnos a ese lugar tan horroroso que imaginamos en nuestra mente. De hecho, es más probable que nos enfermemos si no sacamos la pena a que si lo hacemos en forma libre y natural.

El darle curso a la pena ocurre en paralelo al tener que continuar con la vida que no se ha detenido ningún segundo. Ésta es una de las sensaciones más fuertes en un proceso de duelo. Da mucha rabia percibir que la vida continúa igual y no ha tenido la "generosidad" de detenerse por mi dolor; las cuentas hay que pagarlas igual y los compromisos que en algún momento parecieron suspenderse como haciendo alianza con mi pena, resurgen y me presionan a continuar aunque no quiera. En este momento nos veremos diciendo la frase de Mafalda: "Paren el mundo que me quiero bajar", y descubriremos muy pronto que es mejor avanzar, porque la postergación va generando una bola de nieve que es difícil de superar después.

El mantener la cabeza ocupada en el trabajo o en alguna otra actividad facilita el camino que hay que recorrer, porque así por lo menos a ratos el dolor parece no estar presente.

No hay mucho que hacer para eliminar esta sensación, sólo podemos aceptarla y aprender a caminar, a caerse y a volverse a parar con ella para sentirla más propia.

Durante la etapa de la pena, una de las reacciones más comunes es empezar a desesperarse con las sensaciones desagradables que no quieren desaparecer. Esto le ocurre con mayor fuerza a la gente muy controladora y muy consciente del proceso, el cual es más largo de lo que quisieran y no depende de ellos el poder acelerarlo. Éste parece ser el primer momento en el que se toma conciencia de que el dolor no se pasa y que lo único que se puede hacer es seguir adelante con él en forma eficiente.

Es importante poder manifestar la pena, llorarla y expresarla para así poder caminar mejor todos los días. Evidentemente, el tiempo ayuda, porque permite incorporar el dolor en lo cotidiano, sin que por esto se llegue a olvidar ni menos a sentir que desapareció para siempre.

Es en esta etapa cuando se perciben las diferencias más nítidas entre hombres y mujeres en el proceso de duelo. Mientras los primeros se empiezan a llenar de cosas para hacer y la gran mayoría de las veces vuelcan sus penas al trabajo y todo tipo de actividades, las mujeres, en cambio, necesitamos conversar y poder expresar las emociones que vivimos, lo que muchas veces es interpretado erróneamente por los hombres como un retroceso en el duelo. Así también, las mujeres tendemos a pensar que para los hombres el proceso fue más rápido y casi sentimos que no les importa nuestra pena, porque muchas veces, además, nos retan por expresarla al sentirse impotentes de no poder hacer nada por aliviarla.

Aquí parece fundamental que la pareja se dé tiempo para conversar, y, desde la voluntad, recuperar espacios a fin de estar juntos, darse cariño y retomar actividades que hacían antes de experimentar el dolor. No es bueno evaluar quién sufre más, porque es una pregunta que no tiene respuesta y que genera mucha rabia en ambos. Cada uno tiene que decir en forma explícita lo que espera del otro y desarrollar la tolerancia y la paciencia que cada uno necesita para seguir avanzando de forma individual por el proceso de dolor.

La instancia del duelo, como la gran mayoría de las veces, se vivencia desde lo corporal como un fuerte cansancio y estrés, uno de los mecanismos más frecuentes utilizados por todos frente a un conflicto o problema psicológico; suponemos entonces que si descansamos y nos vamos de vacaciones, todo mejorará y estaremos mejor. Si bien desde el punto de vista físico esto puede ser cierto, ya que el descanso siempre ayuda, hay que tener cuidado porque el dejar de hacer lo que hacemos todos los días nos "saca" desde algún lugar nuestros elementos protectores y, por lo tanto, quedan al descubierto muchos conflictos que cuando estábamos ocupados parecían ocultos.

En conflictos como las pérdidas, las separaciones o los problemas de pareja o con los hijos, las vacaciones pueden ser un riesgo, ya que encontrarse y mirar al otro después de un año tapado por el escape de hacer cosas puede resultar amenazante. Además, todos suponemos erróneamente que los conflictos afectivos se tienden a producir porque estamos cansados y que al tener vacaciones los problemas desaparecerán. Es como la ilusión de huir del dolor y "ganarle" con las vacaciones. Evidentemente eso no ocurre y frente a cualquier dolor, si las vacaciones no se trabajan y se utilizan para solucionar con honestidad y amor lo que nos pasa, pueden aumentar los conflictos.

En el caso de las pérdidas, las vacaciones son instancias a veces angustiosas y dolorosas, ya que nos llevan a tomar contacto con la ausencia del otro y con los recuerdos gratos que éste me dejó; si se aprovecha como una oportunidad para avanzar en el duelo, puede ayudar, si no, uno tiene la sensación de haber perdido el tiempo descansando.

Por eso —independientemente de todos los recursos de escape que los seres humanos aplicamos para evitar la pena, porque nos da miedo el vértigo que nos genera— esta pena pudo salir libremente y convivir con la impotencia, con la frustración y con la aceptación de la irreversibilidad del proceso, uno puede empezar a sentir que el que se fue regresa con los recuerdos, con lo aprendido con él y, sobre todo, con sus imperfecciones, que son las que nos hacen sonreír al recordarlo y aliviar su ausencia.

Todo esto tiene como trasfondo la transmutación o transformación que los seres humanos tenemos que hacer para aprender a desligarnos de lo concreto; quizá cuando logremos entender que "lo esencial es invisible a los ojos", como decía el Principito, podremos decir que hemos aprendido a caminar sanamente por un duelo o una pérdida.

En esta instancia final del camino nos encontramos con la cuarta etapa, llamada la reconciliación con el duelo. Éste es un momento en el que el otro vuelve a mí con la mejor imagen y en el que podré incorporar su recuerdo en lo cotidiano con algo más de paz.

Las contradicciones del duelo

Este proceso de cuatro etapas que acabo de describir convive con una contradicción fundamental que es importante tener clara y aceptar como tal. Esta discordancia tiene que ver con que en la profundidad de su ser, la persona no quiere dejar de sufrir porque si rápidamente da paso a la alegría, con ella es como si ratificara frente a sí mismo y a los demás que el dolor desapareció y que, por lo tanto, a esa persona que se fue no se le quería tanto como se dijo. Esto genera un fenómeno extraño, porque, por un lado, se nos apura para que las penas pasen rápido, pero, por otro, se nos pide que mantengamos la tristeza como un homenaje al amor que le teníamos al que partió. Esto, que nos cuesta integrar más en unos países que en otros, hace difícil entender y aceptar que uno puede caminar con una sonrisa en los labios y una pena gigante en el alma.

Muchas veces se me dijo que no era verdad que yo hubiese sufrido o amado tanto a mi pareja, y el fundamento de ese juicio estaba basado en que yo podía dar conferencias riéndome y haciendo reír, sin entender, como lo expliqué en múltiples ocasiones, que podía haber tenido una crisis de llanto desgarradora por extrañarlo tanto la noche anterior o incluso antes de empezar a hablar. De esta contradicción depende la gran mayoría de las veces el cómo se enfrenta o cómo se aprende a transitar por un proceso de duelo. Éste pareciera ser el elemento más importante en el enfrentamiento de la pérdida de un hijo, pérdida a la que además tendríamos que adjudicarle el hecho de "no tener nombre", ya que carece de rol social, probablemente porque dentro de nuestra lógica humana la consideramos antinatural; si un padre o una madre pierden un hijo, no saben cómo llamarse a sí mismos (en la lógica de que cuando uno pierde a un marido, queda "viuda" o cuando pierde a sus padres queda "huérfano"). Esta no-configuración de lenguaje delinea un dolor que cuesta soportar en el propio cuerpo y tiene como mayor resistencia esta contradicción antes mencionada: si bien yo sé que el que partió me pediría estar contenta, yo, como un homenaje al amor que le tenía y le tengo, no quiero soltar el dolor, porque errónea e inconscientemente se tiende a suponer que esta conexión dolorosa me permite sentir la presencia del que se fue.

Aprender a disfrutar sin culpa y sin recriminaciones después de un dolor producido por una pérdida es una de las situaciones inconscientes más difíciles de procesar, ya que la "pelea" de la que uno es víctima constantemente para querer hacerlo sin quererlo es continua y poco evidente desde lo cognitivo.

Mención aparte necesitan los que tienen que aprender a convivir con una pérdida no física, con lo que me refiero a todo tipo de ruptura o separación donde se sabe que el otro está —es más, me puedo encontrar con él o con ella—, pero ya no forma parte de mi mundo emocional. Muchas de las personas que hemos experimentado este tipo de pérdidas, incluso hemos llegado a sentir que son más difíciles de aceptar que una muerte real, porque tienen que ver con la lucha que tenemos con nuestros egos y vanidades, con nuestros errores e inseguridades y con nuestros miedos para seguir caminando. Sin embargo, las etapas del duelo son las mismas, cómo se genere o desate el conflicto de la separación sólo dependerá de cuándo comience y cómo se desarrolle la secuencia.

Dentro del contexto familiar es importante mencionar que frente a cualquier tipo de pérdida, las familias o los grupos afectivos tienden a hacer contratos —contratos tácitos, la gran mayoría no hablados— donde los participantes se coluden aparentemente para no sufrir y donde empiezan a suponer que si no llora y se aguanta la pena, entonces mi mamá no tiene pena; al mismo tiempo, ella piensa que si ella no llora se está mostrando fuerte frente a sus hijos y así evita —erróneamente, por supuesto— que éstos se contacten con el dolor.

Es fundamental que alguien en la familia o en el grupo emocional tenga el coraje de romper este contrato y de arriesgarse a entrar en el vértigo de la expresión colectiva de la pena con el fin de que todos se limpien y se sanen en esa "liberación". En este proceso de liberación grupal o familiar es importante entender las diferencias individuales que todos, por distintas razones históricas o psicológicas, tienen para enfrentar las grandes penas; unos podrán necesitar hablar mucho, otros menos; unos querrán llorar abrazados y en compañía, otros más en solitario; unos expresarán su dolor a través de la rabia y otros tendrán conductas de escape como el dormir o comer mucho o poco, el necesitar estar rodeados de gente y de actividades o simplemente aislarse en forma más hermética.

Dentro del proceso de duelo o de pérdida, cualquiera de estas reacciones puede ser normal, siempre que no se estanquen y dejen de transmutar en otras etapas; en el caso de los niños es importante observar tanto los cambios corporales o de hábitos como los de comportamiento académico o social que puedan ir teniendo en las diferentes etapas.

Una de las reacciones más frecuentes frente a este tipo de pérdidas en los hombres —producto tal vez de que les es más fácil soltar, de acuerdo con lo concluido en mi libro *¡Viva la diferencia!*— es el silencio y el desapego a tal punto que no explican, no conversan y hacen sentir al otro simplemente que ya no existe más y que a través de ese silencio el otro tiene que entender que todo se acabó. Esta agresividad brutal y dolorosa —llamada "agresividad del silencio"— hace más difícil cerrar los procesos y comenzar una nueva etapa, ya que siempre es más sano un no tajante que a uno le hagan sentir que simplemente dejó de existir.

Para concluir este capítulo del dolor y de la muerte me gustaría decir que frente a esta encomienda que llega —y que se llama muerte, pérdida o duelo— me parece importante señalar que cuando los seres humanos nos vemos enfrentados a esta inevitable situación, deberíamos desarrollar la máxima ternura y misericordia con nosotros mismos.

Los que hemos acompañado a gente a partir o a morir, como prefieran, tenemos que comunicar que la gran mayoría de las veces es un proceso que se genera en paz, en calma y en un silencio que debe ser el más sagrado posible. Si al nacer lo primero que hacemos es inhalar, con la muerte lo último que realizamos es una exhalación, como haciendo gala de un ciclo maravilloso que se termina y que muy pocas veces logramos entender.

El perder el miedo a las partidas, el confiar en que los que se van reciben desde algún lado la ayuda para emprender el viaje, es fundamental para adquirir la capacidad de conversar el tema sin sentir que uno habla de lo peor que le puede pasar a un ser humano.

Esto implica, primero, hablar con los que están, con los vivos, de la muerte, de mi muerte, de cómo quiero que ocurra y cómo quiero que sea; y, segundo, cuando nos veamos enfrentados a ella aceptemos con cariño nuestras contradicciones, avances y retrocesos, y le pidamos al resto que nos acompañe en este camino ambivalente que en ningún caso es una línea recta y secuencial, sino que, como todo proceso en la vida, es un recorrido lleno de altos, bajos y curvas peligrosas que hay que aprender a mirar sin miedo.

Todos los seres humanos —sin ninguna excepción— vamos a experimentar a lo largo de nuestras vidas no una sino varias pérdidas o duelos. ¿No será mejor entonces que nos acompañemos sin juicios, sin apuros, sin categorías, sin omnipotencia?, ¿no será mejor que nos acompañen en cambio desde la más absoluta fragilidad, desde el silencio más que desde las palabras o las frases hechas?, ¿desde un abrazo apretado más que con un discurso y desde el respeto más absoluto por la humanidad, por la historia y las características propias y diferentes del otro que comienza a transitar por un camino por el cual todos iremos alguna vez?

Cuando el dolor de una experiencia fuerte, de una pérdida o de un duelo no se comunica ni se vivencia, parece ser altamente probable que el cuerpo exprese de alguna manera lo que no fue dicho a través del lenguaje, lo cual será tratado en el siguiente capítulo, ya sabrá usted por qué.

Capítulo 4

El cáncer sana

No me cabe duda de que usted que acaba de leer el título de este capítulo estará pensando que terminé de volverme loca (cosa que es posible), sin embargo, estoy segura al decir que las personas que han transitado por el camino del cáncer bien vivido, ya sea porque han padecido la enfermedad o porque han acompañado a alguien que la tuvo o la tiene, me van a dar la razón.

"Él tiene una lesión en el páncreas", eso fue lo que escuché un 19 de mayo de hace muchos años; pasar de lesión a tumor, a tumor maligno y a cáncer de páncreas tiene que haber sido uno de los cambios lingüísticos más difíciles de asumir que me han tocado en la vida. Otro evento que recuerdo como complicado es cuando tuve que decir públicamente "me separé"; estuve como seis meses evitando mencionar aquella frase que me obligaba a asumir frente a mí misma y a los demás algo que parecía definitivo. Por eso es que mucha gente evita la palabra cáncer y se refiere a ella como "maldita enfermedad", "esa enfermedad de mierda", o simplemente aludimos a ella diciendo que una persona está enferma de algo grave o que falleció de una larga y penosa enfermedad sin llamarla por su nombre. El peso que tienen las palabras en nuestros afectos, que son y seguirán siendo muy importantes, es enorme, sobre todo el de esas palabras que nos conectan justamente con lo que queremos evitar: la muerte, las pérdidas y el dolor.

Hoy sabemos que no todos los cánceres llevan a la muerte; a muchos pacientes la medicina tradicional y la no tradicional los han ayudado a ganar la pelea, sin embargo, no hay nadie que reciba esta noticia con calma, con paciencia y con optimismo: todos —el enfermo y la familia—, aunque sea por un espacio breve de tiempo, la relacionan con la muerte, con el dolor y con el miedo.

La llegada de la encomienda

Como la muerte, el cáncer es una encomienda que llega a mi casa sin haberla pedido directamente; llega a mi espacio emocional más íntimo y se presenta ante mí con un envase horrible y maloliente que da asco, miedo y rabia tocar. Frente a este envío tengo dos alternativas: la primera es simplemente bajarle el perfil, no hablar más del tema, comunicárselo a muy poca gente, no hacerse casi ninguna pregunta, sino más bien tratarlo como una situación más ante la que se pregunta o se dice muy poco.

La consecuencia de vivirlo así es el aumento de las fantasías de muerte y la dificultad de las relaciones familiares, porque todo el mundo sabe que algo está pasando, que es malo, pero que existe un contrato tácito del que no se puede hablar. En este sentido creo que el paciente tiene todo el derecho a saber lo que tiene en plenitud, para así poder decidir lo que quiere hacer con su vida durante ese tiempo, ya sea que tenga un cáncer con buen pronóstico o, por el contrario, una enfermedad terminal.

En los únicos casos donde uno le puede reservar ese derecho es cuando el enfermo es de avanzada edad y no está muy consciente de él mismo ni del contacto con el mundo, pero en las demás situaciones, pienso que el derecho a la verdad es inclaudicable.

Conozco a muchas familias que han pensado que el enfermo no puede saber que tiene una enfermedad terminal, porque de saberlo se deprimiría, lo cual podría complicar el proceso o incluso llevarlo a morirse antes debido a la dificultad de lucha. Yo no puedo decir qué hacer, pero de acuerdo con mi experiencia, eso parece ser un miedo más de la familia que del enfermo. Primero, el enfermo siempre intuye —y con bastante exactitud— lo que le pasa y le molesta mucho que lo hagan pasar por tonto. Además, en la medida en que sabe, mágicamente adquiere una fuerza que se origina en la ley instintiva de sobrevivencia humana, para luchar y dar la pelea que haya que dar. Esto no quiere decir que lo que elija hacer como tratamiento sea del gusto de todos, pero vuelvo a decir que el derecho que tiene todo ser humano para decidir qué hace con su salud es absolutamente individual.

Cuando se dice, se conversa y se vive con naturalidad el proceso, los canales de energía se ubican todos en pro de la ayuda al enfermo y no en tratar de guardar un "secreto" que cansa mantener y que muchas veces obstaculiza un buen tratamiento y sobre todo impide la contención de todos aquellos vínculos más cercanos que comparten la enfermedad.

La segunda alternativa es que con todo el miedo, la frustración y la pena decidamos abrir la encomienda, comunicarla al resto y asumirla como una experiencia de vida para poder descubrir lo que viene dentro de ella.

Cuando he conversado con cientos de enfermos y sus familias en mi fundación, todos coinciden en que esta encomienda, si bien no la habían pedido, traía muchos regalos consigo; a través de la enfermedad se sanaron vínculos afectivos dañados y se acercaron familiares distanciados. Se dijo lo que no se había dicho nunca y muchas cosas que eran importantes, y que incluso parecían fundamentales antes del diagnóstico, dejaron de serlo después de recibir la encomienda. Quizás aquí está el mayor secreto que trae el cáncer, porque no hay nada que ancle más en el presente que tener una enfermedad terminal o acompañar a alguien que la tiene; todo adquiere un significado especial y, como yo siempre digo, nunca más el helado de vainilla tuvo el mismo sabor que después del diagnóstico, nunca más las puestas de sol ni una sonrisa fueron las mismas...

Es por esto que perfectamente se puede decir que la experiencia del cáncer sana heridas, ordena prioridades, restablece vínculos y nos conecta con el presente y con la capacidad para agradecer, porque todos los que piensan que el cáncer es una maldita enfermedad, probablemente son personas que por miedo están negando la condición básica del ser humano: **que todos nos vamos a morir** y que el saber medianamente cuándo sin duda puede ser un privilegio, porque aun cuando me recupere de la enfermedad —como sucede en la mayoría de los casos— mi vida no puede ni debe ser la misma que antes del diagnóstico.

Por eso aunque el cáncer me llegue para despedirme de la vida y me permita cerrar círculos afectivos, hacer lo que no he hecho y expresar lo que no he dicho, o bien me recupere de éste, tanto el enfermo como su familia pueden decir con mucha autoridad que el cáncer los sanó del alma, que es el lugar del que uno se sana cuando toma el dolor, lo acaricia y aprende de él.

Un maratón de aprendizaje

Es muy sabido que un gran porcentaje de las causas de los cánceres pueden ser hereditarias, congénitas o simplemente biológicas; sin embargo, hay varias teorías que comprueban que al ser los seres humanos seres integrales e integrados —de cuerpo, mente y alma—, el cáncer sería una expresión física de muchas penas, rabias, negaciones o desplazamientos que nuestra alma y nuestra mente hicieron para evitar algún dolor y que nuestro cuerpo terminó por expresar. Abundantes libros explicarán mejor que yo la conexión que existe entre nuestros estados mentales y espirituales y el cómo y de qué nos enfermamos; entre ellos están *La enfermedad como camino*, *La rueda de la vida* y *Yo (no) quiero tener cáncer*, donde podrán encontrar muy buenas explicaciones de todo lo dicho.

Con todos estos datos se inicia un proceso que lleva a que esta encomienda desate una serie de preguntas que tienden a explicar desde la historia y desde las emociones por qué nos enfermamos y se empieza a suceder un sinnúmero de etapas y situaciones. La primera es la de informar a los afectos más cercanos que esta encomienda acaba de llegar y, desde el *shock*, la rabia y la pena de la noticia, se empieza a correr en paralelo con la urgencia de encontrar a un buen médico que nos ayude con esta situación. Junto con esto empieza a ocurrir lo que yo llamé "las llamadas milagrosas", a través de las cuales, con un cariño enorme, toda la gente más cercana comienza literalmente a llamar para contar un secreto o para sugerir un remedio que logró sanar a tal o cual persona conocida. Junto a todos estos "secretos", que uno empieza a considerar como posibles soluciones, aparecen la gran mayoría de las veces los miedos económicos, además del camino médico de la salvación de la enfermedad; sin duda alguna, esto variará dependiendo del tipo de cáncer que sea y, por supuesto, del pronóstico que éste tenga, frente a lo cual todo el mundo concuerda con que la actitud y el ánimo para enfrentar el diagnóstico parecen ser claves en la recuperación.

Ante esto se produce una contradicción que, si uno la analiza, no deja de ser divertida, y es que si la gente percibe que el enfermo y la familia están de muy buen ánimo para enfrentar la enfermedad, y hablan acerca de todo lo que ocurre sin existir la sensación de que hay secretos, se tiende a suponer —ya que en esta circunstancia, al igual que en muchas otras, somos todos profundamente psicólogos— que están negando la enfermedad y automáticamente surge una serie de consejos para asumirla en forma integral y completa.

Muchas veces he dicho que es más difícil estar debajo de la cama que dentro de ella; esto lo digo para explicar que la gran mayoría de las veces el enfermo de cáncer, y particularmente los enfermos más graves, los de peor pronóstico, se mueven en un plano de conciencia doble entre lo espiritual y lo terrenal, según lo cual será su estado de ánimo y la forma de enfrentar los síntomas. En cambio, los que tienen mejor pronóstico se mueven en un plano más terrenal y más rabioso al estar conectados con el dolor.

En los cánceres con mejor pronóstico es más frecuente ver sensaciones de frustración e impotencia frente al dolor físico o emocional que se experimenta, por eso es tan importante la traducción que los afectos cercanos al enfermo hagan de la enfermedad y de cómo la vivan, porque también está probado —y por personas más conocedoras que yo del tema— que si los afectos cercanos al enfermo viven la llegada de la encomienda como una experiencia de aprendizaje también para ellos, tomándose incluso con humor muchas de las situaciones vividas, el enfermo tiene mejor pronóstico, mejor reacción a los medicamentos y, por lo tanto, mayores posibilidades de sanación.

En los enfermos graves o que tienen mal pronóstico es frecuente encontrar muchos síntomas depresivos y rabiosos que obligan a los familiares a desarrollar mucha tolerancia y amor para enfrentar esas situaciones. Es importante mencionar que parece ser que el enfermo necesita "limpiarse" de las rabias almacenadas y las penas vividas durante el curso de su vida, y para eso literalmente "vomita" verbalmente todo lo acumulado frente a los afectos que asume —consciente o inconscientemente— como incondicionales. Muchas veces, esas rabias no tienen que ver con la persona que recibe el "maltrato", pero que hay que ser capaz de recibir con amor y mucha resistencia porque es un proceso que pasa, que ocurre sin que el enfermo se dé mucha cuenta y que permite una transmutación del alma que es maravillosa cuando ese proceso se ha completado libremente. Si se percibe que esto se está haciendo muy intenso, creo que es importante pedir ayuda para sobrellevar esta etapa.

Aquí, como en muchas otras ocasiones, los que más apoyo necesitan son los afectos más cercanos, ya que el día del diagnóstico comienzan un verdadero maratón que, a menudo, es muy largo y se necesita repartir y redistribuir la energía para ser capaces de vivirla en buena forma sin desvanecerse en el camino.

Las personas que acompañan al enfermo deben turnarse y también darse tiempo, dentro de lo posible, para disfrutar y tener espacios de esparcimiento. Ambos aspectos son determinantes de un buen o mal proceso en la familia.

Muchas veces me toca ver a mujeres que no se depilan por meses, por ejemplo, porque no quieren dejar solo al enfermo, y la verdad es que ése es un buen ejemplo de autopostergación que a nadie ayuda y que además carga innecesariamente de culpa al enfermo. Tomar literalmente "aire" parece ser importante para todos y de forma particular para el que vive la enfermedad. Esto adquiere vital relevancia en el caso de las enfermedades crónicas, cuando se convivirá por mucho tiempo con la enfermedad y con la limitación física y psicológica del enfermo. Aquí, el acompañamiento de los afectos y la rotación en el cuidado parecen fundamentales para que la familia no entre en un estado depresivo y con éste arrastre al enfermo a un círculo de negatividad que sólo empeorará las cosas.

Las habitaciones con luz, colores cálidos, música suave y la alegría de todos son factores que ayudan a avanzar por

este camino donde no se visualiza el final y donde hay que
tener la fortaleza y la paciencia para transitar por todas sus
paradas.

En el caso de las enfermedades terminales es frecuente
sentir que hasta ir al baño es perder el tiempo para estar con
quien uno sabe que partirá luego, sin embargo, es importante
entender que si uno no tiene temas pendientes, hay que generar espacios de libertad para ambos, y si hay temas que resolver es igualmente importante tener conciencia de que
queda poco tiempo para poder hacerlo.

Al poco tiempo de transitar en la búsqueda de un buen
médico y un buen tratamiento, uno empieza a querer encontrar a un "médico bueno". No quiero decir que estas dos cosas —un buen médico y un médico bueno— no se pueden
dar simultáneamente, pero en la elección final, la disposición de un doctor y su personal para estar ahí cuando se
necesita, y para responder a la enorme cantidad de dudas
y miedos que uno tiene, parecen ser claves en cómo el enfermo y su familia van a vivir ese proceso. En este momento
creo que es justo mencionar a todo el personal médico y pa-
ramédico —me refiero a las enfermeras, auxiliares de enfer-
mería y alimentación— que muchas veces silenciosamente
son quienes más cerca están del paciente, en forma cotidiana y experiencial, y cuando el tratamiento es exitoso, pocas
veces se les reconoce y agradece como se debería.

En general, cuando el proceso de las quimioterapias o
radioterapias ha comenzado, como en cualquier enfrentamiento al dolor, es necesario facilitar la expresión de todo
tipo de fragilidades, dudas, miedos y rabias que el proceso
traiga, y, al mismo tiempo, creo fundamental que la familia

incorpore el sentido del humor como pauta cotidiana y como modus operandi para resolver los conflictos que diariamente trae la convivencia con la enfermedad.

Uno de los temas clave en estas enfermedades es el manejo del dolor y de los síntomas y consecuencias de los tratamientos. Éstos se tratan de muchas maneras y hoy existen cada vez más formas para eliminarlos o disminuirlos al mínimo, ganando espacios los tratamientos alternativos como el reiki o las flores de Bach, entre otros. Lo que me interesa destacar aquí es lo importante que es comunicar las sensaciones desagradables, el no quedarse callados frente a las dudas y, sobre todo, frente a los temores, porque está probado que si éstos se comunican los efectos corporales se reducen.

Como seguramente el enfermo y la familia van a adoptar tratamientos tradicionales —además de otros naturales o alternativos— es importante el respeto que hay que tener frente al paciente y a su núcleo más cercano sobre las decisiones que ellos tomen. En este sentido, por ejemplo, cuando existe una buena comunicación uno puede percibir que hay etapas de la enfermedad en las que se siente mucho calor interno dada la presencia de los tumores y la inflamación que éstos producen, lo que genera pocas o nulas ganas de comer. Algo que ayuda notoriamente al bienestar es el helado y, por alguna razón, el de piña, que produce una sensación de alivio y confort que permite recuperar el buen ánimo del enfermo. Así, respetar que la comida sea frugal y sana es importante porque éste es un tema, entre muchos otros, que genera tensión familiar. El volver a los purés o las clásicas papillas de bebé es una salvación cuando el enfermo no puede masticar y no tiene mucho apetito.

Otra de las alteraciones son las bucales, por lo que es importante un buen aseo y, cuando se pueda, establecer contacto con algún odontólogo que ayude, porque estos cambios en la salud bucal tienen directa relación con la alimentación y con el disfrute de la comida. No nos olvidemos que desde que nacemos la comida está asociada a la vida y a su goce, y cuando esto se altera, de alguna manera puede influir en los estados depresivos de los enfermos. El cocinarles lo que quieren y en las dosis que puedan, presentando los platos de forma bonita y colorida, ayuda al buen ánimo del que tiene que comer. No hay que descuidar a los familiares más cercanos, quienes muchas veces dejan de comer por angustia o comen en exceso para calmar la ansiedad.

Quizás uno de los momentos más difíciles es cuando la familia o el propio enfermo en solitario deciden no continuar con un tratamiento específico. Si la decisión es tomada con plena conciencia y no por un arrebato temporal, ésta debería ser profundamente respetada por todos. Dejar partir e incluso invitar a hacerlo al que se va debe ser, de acuerdo con mi experiencia, uno de los actos de amor más profundos y radicales que un ser humano puede realizar por otro, ya que se ponen en juego el ejercicio de la libertad, el dejar de pensar en uno mismo para pensar en el otro y el sentir que en el soltar está la mayor sanación que el enfermo puede desear. Los seres humanos, por amor, seríamos capaces de eso y de mucho más si entendiéramos a cabalidad que nada es nuestro, que nada nos pertenece y que sólo somos compañeros de viaje de quienes tenemos al lado. Debemos comprender también que esta tendencia posesiva de decir "mi casa", "mi mujer", "mis hijos", "mi marido", etcétera, sólo nos encadena a un potencial y posible sufrimiento cuando eso se muere o se pierde. Por eso vuelvo a recalcar lo que los orientales dicen cuando explican que el apego es la mayor causa de sufrimiento humano.

Cuando el cáncer es erradicado, cuando después de varios diagnósticos no aparece ninguna célula cancerosa, la sensación de agradecimiento y de resignificación de la vida hacen que esta encomienda que llegó y que tanto dolor produjo, al terminar el proceso, se valore como una experiencia que cambió positivamente desde el alma la mirada de la vida. Sin embargo, siempre se convive con el miedo, lo cual, si bien no es del todo agradable, ayuda a estar permanentemente conectado con el presente, lo que facilita el disfrute de la vida y la reorganización del orden de prioridades que se tenía antes de la enfermedad.

La gente se para distinto después de un cáncer o de alguna otra enfermedad de estas características, valora de modo diferente los afectos. Esto no sólo le pasa al enfermo, sino a todos los que lo acompañaron en ese camino. Todos necesariamente habrán aprendido algo.

Los que se fueron tuvieron la oportunidad —que la pudieron haber tomado o no— de irse sin temas pendientes, con todo dicho, después de perdonar o de pedir perdón si era necesario, incluso después de haber repartido esas cosas que otras partidas más fulminantes no dan tiempo para distribuir. En el caso de un infarto o de un accidente, el proceso de duelo comienza con la noticia de la muerte y con la misma vivencia de la ausencia; con el cáncer, en cambio, y dependiendo del tipo de cáncer que sea, el proceso puede empezar con el diagnóstico, pero con la diferencia de que la persona aún está ahí para cerrar lo que no está cerrado. Las partidas repentinas nos ubican en otro aprendizaje que tiene que ver con el valorar los afectos cuando están vivos, con el decirles hoy a los que queremos que los queremos, con pedir perdón o perdonar si es necesario, etcétera; así, si la vida nos sorprende —como suele hacerlo siempre—, estaremos preparados para cualquier despedida, aun cuando el proceso de duelo sea algo para lo cual uno nunca está del todo listo.

Desde este lugar es desde donde vuelvo a repetir lo planteado en el inicio de este capítulo: el cáncer sana.

Conclusiones

Tengo que reconocer que estoy terminando este libro con una gripe fulminante que seguramente tiene que ver con la somatización de la enorme cantidad de emociones que he experimentado al escribirlo.

El proceso de escritura ha sido un embarazo que a ratos ha tenido grandes síntomas de pérdida y cuyo final no se visualizaba nunca. Es que, como les mencioné al inicio de este libro, 2011 no fue un año fácil para mí, ya que me tuvo transitando por el camino del dolor, irónicamente, el tema que estaba investigando y sobre el que necesitaba contarles a ustedes desde mi fragilidad.

Hoy siento que en estos momentos estoy teniendo contracciones de parto y que el bebé está próximo a nacer, lo que me emociona y me duele. Siempre he pensado que los libros no se terminan, se abandonan, porque si no estaríamos todo el tiempo corrigiéndolos, cambiándolos y agregándoles mil cosas.

Tengo claro, al igual que con los otros cuatro libros que he escrito, que me debe haber faltado mucha información que usted necesitaba encontrar en estas líneas. Antes que todo, les pido perdón por eso, pero intenté simplificar al máximo un tema complejo y, desde mi pequeñez, rescatar toda la información posible de las investigaciones realizadas para que quienes lean este libro sientan que les entregué algunas herramientas para enfrentar los momentos difíciles de la vida, ya que la generosidad de la gente que me ayudó, más mi propia experiencia, me permiten decir que, por lo menos, lo que está escrito ocurre y con mucha frecuencia.

Resumir este libro es tanto o más difícil que escribirlo, pero si hay algo que parece ser la constante de todos los temas tratados es que existe en los seres humanos una cápsula en el alma, algo que a veces se hace invisible y muy pequeño, que nos lleva a tener la maravillosa oportunidad de poder elegir nuestra vida. Esa cápsula se llama **actitud**, es la máxima expresión del libre albedrío del ser humano y parece ser la clave de todo lo que nos pasa en nuestra existencia.

Lo que tenga que pasar en la vida y en nuestras vidas parece que va a ocurrir igual, independientemente de lo que hagamos por evitarlo desde el más profundo miedo al dolor y de la tendencia natural a escapar de él. Por lo tanto, parece que cuando, por ejemplo, se inicia un nuevo año, no deberíamos pedir nada, porque lo que tenga que venir vendrá, sobre todo aquellas cosas importantes que la gran mayoría de las veces nos cambian la vida y para siempre. Sólo deberíamos pedir un corazón abierto y mucha sabiduría —de la buena y profunda— para enfrentar lo que venga; pedir sabiduría para valorar, agradecer y disfrutar lo bueno que nos pasa, y mucha tolerancia, paciencia y generosidad para lo malo que pueda aparecer.

Yo no creo que sólo se aprenda desde la tristeza, creo que también hay aprendizajes que se generan desde el goce y que son los que nos permiten valorar lo que tenemos, reforzar y mantener los vínculos y sobre todo —si así lo decidimos y lo trabajamos desde la voluntad— conectarnos con el presente y poder absorberlo con toda intensidad.

Sin embargo, como lo dije en el capítulo sobre el dolor, los cambios de prioridades y de sentido y los grandes giros en la vida se producen siempre después de algo doloroso o en donde hemos experimentado mucho, pero mucho miedo. Es entonces ahí donde se abre la maravillosa oportunidad que generan las situaciones difíciles en la vida y que tienden a dividir a la población muy someramente en tres grandes tercios: hay un tercio que nunca entiende nada y que pásele lo que le pase no aprenderá jamás. Es como que no toman o no quieren tomar —o a veces no saben cómo hacerlo— la oportunidad de crecer y elegir el dolor como una instancia de crecimiento. A este tercio no está dedicado este libro, porque no creo que lo compren o lo lean, ya que ellos no tienen nada que aprender y tienden a subestimar y a ridiculizar cualquier línea que aporte al alma; además, son ellos los que muchas veces sienten que pueden dar lecciones (en ese sentido tengo que reconocer que algunas de estas personas me ayudaron con sus reflexiones en el curso de estas investigaciones).

Hay otro tercio que no requiere este libro para nada. Ellos son los sabios, los que no necesitan que en la vida les pasen muchas cosas para aprender, los que se presentan como si supieran desde siempre, pero sin reconocerlo jamás. Son aquellos que simplemente vivieron alguna situación en la vida que les hizo dar un giro que la cambió para siempre y desde ahí son personas que disfrutan y agradecen el presente, que saben que tienen la vida que han construido y que si les faltan cosas por hacer va a depender de ellos poder realizarlas. Personas que se hacen cargo de sus vidas, de sus aciertos y de sus errores, y desde la más absoluta conciencia de su nimiedad intentan dar lo mejor de sí, entendiendo siempre que el dolor llega como una oportunidad para evolucionar. Son personas que saben y viven sintiendo que a esta vida vinimos a amar, a dejar huella y a decidir ser felices como una obligación y no como un derecho.

Si alguno de ellos lee este libro, seguramente se verá reconocido en muchas de estas líneas.

El último tercio es el que ha tenido pocos o muchos dolores, pero que tiene ganas de aprender, necesita evolucionar y llegar a formar parte del tercio anterior. A este grupo pertenezco yo y muchos de los que van a leer este libro. Asimismo, a este tercio le tengo que decir que la palabra que me surge al terminar este trabajo y caminar por el mundo del dolor es **ternura**; extraña palabra que hoy se utiliza tan poco, que no se estimula y ya casi no se educa. De hecho, es notorio cómo cada vez es más difícil encontrar en algunos países esos monitos de peluche que son grandes estimuladores de este concepto.

Ternura para mirarnos, para aceptarnos imperfectos y en permanente proceso de caminata, ternura para reconocer nuestras constantes contradicciones, inconsistencias y ambivalencias y, desde ahí, mucha paciencia para poder evaluar los constantes cambios en nuestros procesos de crecimiento. Esa ternura es la que nos tiene que permitir caminar, mirar al dolor como un compañero de viaje y estar siempre lo mejor preparados posible para partir y para la partida de los que amamos.

Esta cápsula que yo mencionaba al principio es nuestra salvación para entender que en la medida en que la usemos y entendamos que en su ejercicio está el secreto de la felicidad y de la plenitud de la vida, seremos capaces de transmitir nuestros genes, constituciones biológicas y también nuestras historias para entender que mucho de lo que nos pasa no importa tanto como la forma en la que vivimos lo que nos está pasando.

Con este libro les hice una invitación a transitar por un camino que puede resultar aterrador y difícil, pero les prometí que si tenían el corazón abierto y yo la capacidad de explicarlo, lo podíamos recorrer sin miedo e incluso con algo de placer a medida que nos atreviéramos a entender que no hay nada más humano que la imperfección y la vivencia del dolor. Espero, desde lo más profundo de mí, haber podido ayudar en ese camino.

En este momento en el que el bebé está a punto de ser parido, no me queda más que decir lo que dije cuando nacieron mis dos hijos: "¡Bienvenido dolor!", ya que con él siempre nace algo de vida nueva.

Agradecimientos

En todos los libros siempre tengo mucho que agradecer, pero en este mucho más.

En primera instancia, a Dios, por el misterio de los talentos, y a la vida, que me condujo por caminos que nunca pensé y por los que, honestamente, tampoco quise transitar.

A mis padres, hoy además amigos, que me han permitido andar por el camino del dolor sin miedo, pasando por una educación restrictiva, a hoy ser mis grandes compañeros.

A mis hijos maravillosos, Cristián y Nicole, quienes, además de ser mi cable a tierra, fueron la fuente de compañía, paciencia y sabiduría en este camino.

A mi pareja que ya partió, Óscar, y a todos los pacientes de mi fundación que me ayudaron desde el camino del dolor a realizar esta investigación; sin duda, con su generosidad y amor me han hecho crecer mucho y enseñado, entre otras cosas, a valorar y disfrutar la vida.

A todos los que han partido de mi vida y hoy me cuidan y acompañan desde otro lugar. Gracias por lo compartido y vivido con ustedes y, sobre todo, por el amor entregado. No los olvidaré nunca.

A mis socios y amigos argentinos, y a mi asistente chilena,

sin los cuales esto no habría sido posible; gracias al amor incondicional y al humor que pusieron en este proceso.

A todos los que silenciosamente me dieron testimonios y participaron en los estudios, ya que gracias a ellos esto fue posible.

A todos aquellos que me han hecho recorrer el camino del dolor, donde las desilusiones y los desencantos vividos con ellos me han permitido ser hoy una mejor persona... desde la humildad y el aprendizaje de hacerme cargo de mi historia.

A mi nueva casa editorial Océano, que ha puesto mucho amor y paciencia en el desarrollo de este libro, y a la antigua con la que recorrí todos mis mejores senderos para llegar hasta aquí.

A todos ustedes que van a mis conferencias en muchos países, que leen mis libros y que me han acompañado durante toda mi vida. Gracias por el enorme cariño que no me deja de sorprender y que me estimula a continuar en esta aventura.

En fin, a mis amigas, cómplices maravillosas de este camino. A Silvana, quien fue fundamental para poder iniciar el difícil proceso de escribir estas líneas.

Nuevamente a la vida, maravilloso y constante desafío por vencernos a nosotros mismos... este libro es un buen ejemplo.

Esta obra se imprimió y encuadernó
en el mes de septiembre de 2015
en los talleres de Edamsa Impresiones, S.A. de C.V.,
que se localizan en la calle de Av. Hidalgo (antes Catarroja) III,
Fracc. San Nicolás Tolentino, México, D.F.